HET
COWORKING
HANDBOEK

Vertaling: Helena Vansynghel
Coverontwerp: Pascal van Den Driessche
Opmaak en lay-out: L'autobus
Ilustrator: Alex Kores
Uitgever: Serendipity Accelerator TM

ISBN: 978-2-9601818-0-7

HET COWORKING HANDBOEK

GIDS VOOR EIGENAARS EN ORGANISATOREN

Leer hoe je een succesvolle coworkingruimte kunt openen en beheren

Door Ramón Suárez

Een hart voor ondernemen

Ik ontdekte coworking in 2012 in de beginperiode van Pulse Foundation, een filantropisch initiatief dat de ondernemingsgeest ondersteunt en het ondernemerschap in België aanmoedigt. Het kantoor van de stichting was nog niet vrij en ik heb toen enkele maanden doorgebracht bij Betacowork. Voor mij was dat toen een voorlopige en voordelige oplossing.

Maar toen de stichting vier maanden later verhuisde, moest ik met spijt afscheid nemen van een joviaal gezelschap en vele vrienden. Coworking was voor mij veel meer geworden dan een voorlopig kantoor, het betekende ook gezelligheid, het delen van kennis, spontane onderlinge steun en echte vriendschap.

Ik heb een nieuw ondernemerschap ontdekt, niet gebaseerd op een theoretisch businessplan, maar op het delen van kennis en het plezier van het delen van ervaringen met anderen. Met coworking treedt de ondernemer uit het isolement van de starter. Zijn ervaringen als ondernemer worden meteen verrijkt met de ervaringen van tientallen collega's die, als gevolg van een behoefte of een bepaalde situatie, adviseurs worden en soms zelfs medewerkers.

Ons land heeft ondernemers nodig. Via de verenigingen die Pulse Foundation steunt, moedigt de stichting mensen aan om initiatief te nemen, hun creativiteit te ontwikkelen en de toekomst en veranderingen met vertrouwen tegemoet te zien. Ondernemen is niet alleen de eigen welvaart verzekeren, maar ook die van anderen, via het creëren van werkgelegenheid. Voor vele ondernemers is coworking dan ook een unieke springplank.

Pulse Foundation ondersteunt de vertaling van het Coworking Handbook, een oorspronkelijk Engels boek, in het Nederlands en het Frans. Op die manier willen we de verdere ontwikkeling van coworking bevorderen en de toegang ertoe vergemakkelijken voor zoveel mogelijk ondernemers.

In naam van Pulse Foundation wil ik Ramón Suárez feliciteren met het succes van Betacowork en hem bedanken omdat hij in dit boek zijn ervaringen met ons wil delen.

Paul Bosmans
CEO – Pulse Foundation
pulsefoundation.be

Inhoudstafel

Woord van dank

Graag wil ik de mensen bedanken die mijn boek als eersten onder-steunden. Zonder hen zou dit handboek er nooit gekomen zijn.

Voor we aan de crowdfundingcampagne begonnen, was dit boek eenvoudigweg te koop via een webpagina. De eerste persoon die te hulp schoot om het boek te promoten, was een voormalige bet-acoworker: Roland Zwaga[1]. In zijn kielzog volgden nog 12 mensen: Jürgen De Smet[2], Marina Evaristo[3], Marina Aubert[4], Tiina Vainio[5], Miguel Albizu[6] en Marc Navarro[7] (de rest wenst anoniem te blijven).

Ik wil ook de 159 mensen bedanken die hun schouders onder onze crowdfundingcampagne Indiegogo[8] hebben gezet. Zij gaven ons de nodige steun om nog meer tijd voor het project uit te trekken en de fondsenwerving voor de Engelstalige en Spaanstalige edities in goede banen te leiden.

---

1. Roland Zwaga http://www.stackandheap.com
2. Jürgen De Smet http://jurgendesmet.be/about
3. Marina Evaristo http://be.linkedin.com/in/marinaevaristo
4. Marina Aubert http://www.linkedin.com/in/aubertm
5. Tiina Vainio http://about.me/tiinavainio
6. Miguel Albizu http://twitter.com/AlbizuM
7. Marc Navarro http://marcnavarro.com
8. Lijst van mensen die onze crowdfundingcampagne hebben gesteund: http://j.mp/chbackers

De auteur

RAMÓN SUÁREZ

Ramón[9] is de grondlegger van de Betacowork, een zinderende coworkingruimte in Brussel met meer dan 200 leden.

Ramón is tevens een rasechte ondernemer en marketingspecialist. Hij legt zich vooral toe op het promoten en ontwikkelen van technologische start-ups in België, en dit via zijn coworkingruimte en als bestuurslid van onder andere Startups.be[10]. Je vindt Ramón op coworkingconferenties wereldwijd[11], waar hij anderen leert hoe een succesvolle coworkingruimte te runnen. Ramón is stichtend lid en voorzitter van de Coworking Europe Assembly[12] en is de grondlegger van Coworking Belgium[13].

---

9. Meer weten of contact opnemen: LinkedIn–cv http://www.linkedin.com/in/ramonsuarez; @ramonsuarez op Twitter: https://twitter.com/ramonsuarez; Google+: https://plus.google.com/103579379127741318104/posts; en mijn persoonlijke blog: http://ramonsuarez.com.
10. Dé plek voor Belgische start-ups: http://startups.be
11. Mis de volgende edities van de Coworking Europe Conference http://coworkingeurope.net en de Global Coworking Unconference Conference (GCUC) http://gcuc.co niet! Bekijk of er een conferentie plaatsvindt in de buurt. Dit zijn de beste plekken om meer te weten te komen over coworking.
12. Surf naar http://coworkingassembly.eu en lees meer over de Europese Vereniging van Coworkingruimtes.
13. Coworking Belgium: http://coworkingbelgium.be

Betacowork

De Betacowork[14] is de grootste coworkingruimte in Brussel en is een echte referentie op Europees niveau. De ruimte groeide al snel uit tot een plek met maar liefst 200 coworkers. Er zijn bovendien plannen voor verdere uitbreiding elders. De Betacowork richtte zich van bij het begin op het ecosysteem van de technologische start-ups in Brussel maar stond met het oog op creativiteit en serendipiteit altijd open voor andere professionele richtingen en profielen.

De Betacowork coworkingruimte zag het licht in Brussel op 19 november 2010, op de dag van de eerste Coworking Europe conferentie. Toen heette het nog Betagroup Coworking.

MEDEAUTEURS

Jaime Aranda

Jaime[15] is de medeoprichter van de in Sevilla gevestigde workIN-company. Jaime is architect van opleiding en weet diep vanbinnen dat een coworkingruimte eigenlijk geen ruimte is. Het is een concept gestoeld op de interactie tussen de leden en binnen de community. workINcompany resulteerde in een bloeiend en actief ecosysteem van professionals, klaar om Sevilla en de wereld te

---

14. Meer informatie en tips van de Betacowork Coworking Brussel vind je op: http://www.betacowork.com
15. Bekijk zijn profiel op LinkedIn: http://www.linkedin.com/in/jaimearanda-serralbo; op Twitter als @jaimearanda: https://twitter.com/jaimearanda; of zijn blog: http://www.jaimearanda.com.

veranderen. Jaime is tevens de oprichter van de grootste pop-up-coworkingruimte in Spanje.

workINcompany

workINcompany[16] is een pionier op vlak van coworking in Andalusië. De workINcompany werd in september 2011 opgericht door Jaime Aranda en Alberto Perez Sola. Zij organiseren talloze meet-ups en evenementen om professionele community's voor freelancers en ondernemers in Sevilla te creëren en te promoten.

---

16. Meer lezen over de workINcompany doe je hier: http://workincompany.com

Hoe dit boek te gebruiken

Afhankelijk van je noden en de fase waarin je project zich bevindt, lees je best wat je echt denkt te moeten lezen. Voel je vooral niet verplicht het hele boek door te nemen. Ben je echter een groentje in de wereld van coworking, dan is het niet onverstandig om van nul te beginnen. Het boek zal je ideeën immers helpen te structureren en het hele ontwikkelingsproces vergemakkelijken.

Het boek bevat checklists en andere tools die je aan het eind van het boek een duw in de goede richting zullen geven. Up-to-date en afdrukbare exemplaren vind je hier: http://coworkinghandbook. com/checklists. Door de hoofdstukken heen geven we bijkomende informatie en links via de talloze voetnoten.

Wil je de inhoud van dit boek bespreken of verbeteren, meer tools aanreiken of op de hoogte blijven van het laatste nieuws? Schrijf je in voor onze nieuwsbrief[17], volg ons op Twitter[18] en Facebook[19], teken in op de RSS feed[20] van de blog of bezoek de website: http:// coworkinghandbook.com.

---

17. Voer hier je e-mailadres in voor de nieuwsbrief en wees altijd als eerste op de hoogte: http://coworkinghandbook.com/newsletter
18. Volg @cohandbook op Twitter: https://twitter.com/cohandbook.
19. Vind ons leuk en krijg meer tips en nieuws: https://www.facebook.com/ CoworkingHandbook.
20. De RSS feed van de blog vind je op: http://coworkinghandbook.com/feed/

Voorwoord

Ik heb geweldig nieuws voor jullie! Als je dit boek nu aan het lezen bent, heb je de kans om deel uit te maken van een beweging die onze manier van kijken naar werken voor altijd zal veranderen.

Het concept waarop onze industriële, hiërarchische, voltijdse en 'bazenrijke' manier van werken is gestoeld, raakt meer en meer achterhaald. Je dagelijks verplaatsen naar een piepklein kantoortje om één job te doen voor één baas bij één bedrijf, en dit decennialang, werd tot voor kort nog als een perfect normale en eervolle manier van werken gezien. Vandaag liggen de zaken echter anders.

Dit concept heeft ons hier inderdaad gebracht maar zal ons zeker niet naar het volgende stadium brengen. Vandaag verlaten meer en meer mensen het traditionele concept – door noodzaak of op basis van hun eigen keuzes – om hun vleugels alleen uit te slaan. Voor de doordeweekse kantoorbewoner klinkt dit waarschijnlijk als muziek in de oren, maar wie genoeg tijd aan de overkant heeft doorgebracht, weet dat hij voor absolute vrijheid een fikse prijs betaalt. Als zelfstandige werken kan echt overdonderend zijn. Afzonderend. Hard. Eenzaam.

Deze manier van werken biedt niet dezelfde ondersteunende systemen die klassieke werknemers wel krijgen. Wanneer je alleen en voor jezelf werkt, moet je ook alles alleen uitzoeken. En dat is veel. Hoe kunnen we van iemand verwachten om alles zélf te doen?

Het antwoord op deze vraag begint stilaan duidelijk te worden. We beginnen te snappen hoe we nieuwe systemen kunnen ontwikkelen die inspelen op de noden van een groeiende groep mensen die instaan voor zichzelf maar ook structuur en hulp nodig hebben.

Coworking is een van de eerste en belangrijkste van deze nieuwe systemen. Het biedt mensen de mogelijkheid buitenshuis te werken en anderen te ontmoeten met wie ze zich kunnen identificeren. Het biedt een elementair gevoel van structuur en verantwoordelijkheid. Het geeft mensen het gevoel dat ze ergens bij horen. Het geeft ons de kans samen te werken en samen nieuwe dingen te proberen op manieren die – indien we het alleen deden – onmogelijk zouden zijn.

Sinds zijn ontstaan in 2005 is coworking aan een razendsnelle opmars bezig. Het concept ontpopte zich supersnel van een ontluikende beweging tot een steeds dieper verankerde sector. En die boomt heel snel, maar staat tegelijk nog in de kinderschoenen en moet nog een lange weg afleggen. Jij kunt dit proces meekneden.

In dit boek reikt Ramón je alles aan wat je nodig hebt om je eigen coworkingruimte te beginnen en te runnen. Dit handboek zit boordevol tips op basis van zijn persoonlijke ervaring en die van anderen voor elke fase in de ontwikkeling van je project. Door dit boek te lezen, kun je je beschermen tegen eerder gemaakte fouten waar anderen uit geleerd hebben en voortbouwen op geweldige bestaande ideeën.

Zo creëer je meer ruimte om het concept naar een hoger niveau te tillen en kun je focussen op hoe het te verdiepen, verruimen en verbeteren.

Je leest deze tekst nu. Dat betekent dat je al deel uitmaakt van de beweging. Onze toekomstige manier van leven en werken wordt mee uitgestippeld door mensen zoals jij, door het voorbeeld dat je stelt en de cultuur die je promoot. Dit boek reikt je alle nodige tools aan. Wat je ermee doet – en hoe je alles interpreteert – is aan jou.

Wees niet verlegen. Ga ervoor. Bouw mee aan de wereld waarin jij wil leven.

Leve coworking!

Tony Bacigalupo *is medeoprichter en 'burgemeester' van New Work City, een coworkingruimte in New York City. Tony is sinds 2007 een drijvende kracht achter verschillende coworking community's in NYC en geeft sindsdien ook mondeling en schriftelijk advies aan andere organisatoren. Hij is medeauteur van "I'm Outta Here: How coworking is making the office obsolete" en bestuurslid van de NY Tech Meetup. Meer lezen?* http://nwc.co *en* http://meetup.com/coworking-nyc.

Inleiding

Ik wilde dit boek vooral schrijven om mijn kennis uit mijn eigen ervaring en uitwisseling van ideeën met andere organisatoren en oprichters te delen, en dit alles in een werkbare en nuttige gids te gieten die jullie kan helpen een coworkingruimte op te richten en te runnen, van idee tot uitvoering.

Het Coworking Handboek richt zich vooral op de oprichting en het beheer van een coworkingruimte. De aangereikte processen en kennis kunnen bij uitbreiding ook kunnen worden toegepast op andere formele en informele structuren zoals Hackerspaces, FabLabs, accelerators, enz.

Dit is een werkboek voor bezige ondernemers en organisatoren. Daarom heb ik het zo kort en bondig mogelijk gehouden. Daar gaan we!

OPMARS VAN SAMENWERKING EN DE DEELECONOMIE

De concepten samenwerken en delen zijn overal waar je kijkt aan een flinke opmars bezig. Dit is deels te danken aan de mogelijkheden die de nieuwe technologieën ons bieden en deels aan de veranderingen in de huidige professionele en bedrijfsstructuren. Bedrijven worden kleiner, maar tegelijk productiever en competitiever. Ze hebben steeds minder ruimte en middelen nodig om toch wereldwijd op de kaart te staan. Het aantal zelfstandigen en freelancers groeit, omdat ze controle willen over hun carrièredoelen of omdat de arbeidsmarkt hen gepusht heeft naar het creëren van hun eigen job.

Mensen vormen hun werkplek binnen hun bedrijf steeds vaker om tot een plek van samenwerking en gaan daarbij vaak nog een stapje verder door de hand te reiken aan andere bedrijven. Dit drukt niet alleen de kosten maar creëert ook een dynamischere, creatievere en vrolijkere werkplek.

We grijpen steeds meer kansen om een beter leven te leiden dankzij samenwerking, zowel op persoonlijk als professioneel vlak. Hierdoor vinden of creëren velen onder ons hun ideale omgeving en kunnen zij zelfstandig – maar niet alleen – beginnen te werken.

Coworking heeft bewezen een geweldige tool te zijn voor freelancers en kleine bedrijven. Het tilde het professionele en persoonlijke leven van duizenden mensen wereldwijd naar een beter niveau en integreerde hen in professionele netwerken die hen meer werk en kennis aanreikten.

OORSPRONG EN ONTWIKKELING VAN COWORKING

Coworking op zich is relatief jong, in tegenstelling tot gezamenlijke werkruimtes en dynamieken die al veel langer bestaan.

Sommigen onder ons hebben vroeger misschien al in een gedeelde werkruimte gewerkt, maar het concept kreeg pas de naam 'coworking' toen Brad Neuberg het in 2005 introduceerde bij de opstart van een ruimte voor ontwikkelaars[21]. Sindsdien is coworking aan een exponentiële groei bezig. Volgens de jaarlijkse wereldwijde

---

21. Dit is de oorspronkelijke post van Brad die het tijdperk van de coworking zoals we dit vandaag kennen officieel inluidde: http://codinginparadise.org/weblog/2005/08/coworking-community-for-developers-who.html

coworkingenquête van *Deskmag* verdubbelt het aantal ruimtes wereldwijd jaar na jaar[22].

Is dit slechts een voorbijgaande trend? Nee. Het woord coworking wordt algemeen gebruikt en misbruikt. We moeten er wel rekening mee houden dat deze term inspeelt op een veel diepere noodzaak. De arbeidsstructuur van onze maatschappij verandert. Daardoor veranderen ook de noden van wie werkt, vooral die van freelancers en ondernemers. Coworking speelt in op deze fundamentele veranderingen en zal blijven groeien in steden wereldwijd.

De toekomst van coworking staat niet vast. Als organisator zal jij dit concept vormgeven, wijzigen en verbeteren. Momenteel rijzen coworkingruimtes als paddenstoelen uit de grond. Dit zal nog enkele jaren aanhouden, maar de groeimarge blijft enorm. Er worden nieuwe inkomstenmodellen getest om het businessmodel van coworkingruimtes te verbeteren. Dit zal ook onze manier van denken over coworking veranderen.

Coworkingruimtes gaan een rooskleurige toekomst tegemoet, en daar bouw jij aan mee.

SOORTEN GEMEENSCHAPPELIJKE WERKRUIMTES

Dit is een lijst van de meest voorkomende gemeenschappelijke werkruimtes. Er bestaan verschillende mogelijke definities en nuances – en andere soorten werkruimtes – maar dit is alvast een opsomming.

---

22. Deskmag is het grootste online magazine over coworking. Statistieken: http://coworkinghandbook.com/stats

Coworkingruimtes

Wat een coworkingruimte definieert, zijn de organisatoren en hun community van coworkers. Coworkingruimtes worden opgericht voor de community en met de community in gedachten. Het is niet zomaar een vastgoedproduct waarin je een fysieke ruimte huurt. De rol van de organisator (of gastheer, conciërge, hoofd van de community of een andere benaming) is het bestendigen van de banden en de interactie tussen de coworkers om waarde te creëren en actief serendipiteit te versnellen. Het is meer dan een plek: het is een netwerk. Een hoop mensen in één ruimte samenzetten is niet genoeg. Je moet ook hard werken om de juiste interactie te creëren waardoor je het gevoel krijgt bij de community te horen.

Serendipiteit versnellen, wat bedoelen we daar nu precies mee? Wat is serendipiteit precies en hoe versnel je dit? Serendipiteit is de kans om iets goeds of nuttigs te ontdekken waar je eigenlijk niet per se naar op zoek was.

Bijvoorbeeld: je praat in de fitness met de persoon naast je over sport. Je bent daar gewoon om te sporten, maar belandt in dat gesprek zonder dat je hierop aangestuurd hebt. Vervolgens begin je te praten over je start-upproject. De persoon in kwestie brengt je in contact met een vriend die je eerste klant zou kunnen zijn. Jij wist niet dat deze persoon een band had met deze prospect, het kwam gewoon te pas in het gesprek. Je hebt dus net een nieuwe prospect binnen en de andere persoon heeft zijn of haar vriend in contact gebracht met een potentieel zakelijk contact.

Serendipiteit – iets dat per toeval, als bij lot gebeurt – kan niet zoals een recept of computerscript worden georganiseerd. Maar een kader van activiteiten, processen en reflexen inrichten, helpt ons de kans te vergroten dat het effectief plaatsvindt. We kunnen de juiste sfeer, houding en systemen creëren zodat het zich vaker voordoet.

Uiteraard is niet alles gebaseerd op toeval en serendipiteit. Managers van coworkingruimtes kennen hun community het best en hebben meer connecties, van wie ze permanent bijleren. Mensen met elkaar in contact brengen, vertrouwen opbouwen en wrijvingen verminderen (om makkelijker banden te scheppen), maakt deel uit van hun job. Zo kunnen er makkelijker méér ideeën worden uitgewisseld. Managers brengen de noden en persoonlijkheden van de coworkers in kaart en zorgen voor de beste match.

Coworking focust op zijn community. Coworkingruimtes zijn er dan ook in alle vormen en maten: medewerkers uit één sector, verschillende sectoren, vaste plaatsen, gedeelde bureaus, goedkeuring vooraf van de leden, rechtstreeks inschrijven, tijdelijke popupruimtes, trendy, industrieel of business-georiënteerde ruimtes... Het ontwerp van de ruimte zelf is niet zo belangrijk. De mensen die er werken en hun interactie, dát is van tel. Daarmee valt of staat een coworkingruimte.

Je zult de term 'coworking' vinden als benaming voor talloze soorten ruimtes, maar vergis je niet: vele zijn gewoon gedeelde kantoorruimtes (de voormalige hotdesks, open spaces en flexdesks) en behandelen de coworkers als tweederangsklanten. Een open space is wat het is: een open werkruimte. Een ingerichte ruimte die niets extra's biedt.

Om te weten of je naar een échte coworkingruimte gaat, controleer je of de organisator iets onderneemt om beweging en dynamiek in de community te brengen. Coworking is een werkwoord en impliceert actie van de organisatoren om een community op te bouwen. Indien ze enkel gedeelde kantoordiensten aanbieden, kunnen we niet spreken van een coworkingruimte.

Coworking of co-working?

Sommige mensen schrijven co-working met een streepje. Hieruit kun je makkelijk afleiden dat deze persoon niet snapt dat een coworker (een lid van een coworkingruimte) niet hetzelfde is als een co-worker (iemand die voor hetzelfde bedrijf in hetzelfde kantoor werkt). Deze persoon wordt waarschijnlijk op het verkeerde been gezet door de autocorrectiefunctie van zijn tekstverwerker. Bovendien werken streepjes niet in hashtags op sociale media.

Wanneer je het wil hebben over coworkingruimtes, laat het streepje dan achterwege. Wanneer je mensen bedoelt die voor hetzelfde bedrijf werken, gebruik je het wel[23].

Laat het streepje dus weg[24]!

Gedeelde kantoren

Een gedeeld kantoor is een gezamenlijke manier van delen en consumeren, maar géén coworkingruimte (het is zeker niet slecht,

---

23. Dit is een interessant artikel uit Deskmag over dit thema. http://www.des-kmag.com/en/coworking-or-co-working-with-hyphen-252. Ik schreef ook een stuk over de gebruikte zoekwoorden op Google. http://www.betacowork.com/coworking-vs-shared-office-vs-business-center-who-beats-who
24. Recht voor de raap antwoord: http://doescoworkinghaveahyphen.com

maar wel anders). Niemand staat in om de connecties tussen de mensen in het kantoor te activeren. Het is vaak een manier om de kosten te drukken en om omringd te zijn door vrienden, zoals je een flat zou delen.

Het voordeel is dat je niet alleen werkt en je dit bovendien in een professionele omgeving doet. In vergelijking met coworking ervaar je het nadeel dat het netwerk ter plekke heel beperkt en statisch is. Niemand is actief aangeduid om het leven van de medewerkers op kantoor aangenamer te maken (hoewel kleine groepen meer interactie kunnen hebben omdat ze elkaar beter kunnen leren kennen).

Netwerkkantoren

Sommige bedrijven (zoals mijn vrienden van Rue du Web[25] in België) besloten komaf te maken met de scheidingsmuren op kantoor en de ruimte te delen met andere mensen en bedrijven. Mensen uit allerhande bedrijven krijgen een plekje in de beschikbare ruimtes. Samen doen ze heel wat gezamenlijke activiteiten om een gemeenschappelijke bedrijfscultuur uit te dragen. Dit zijn veeleer gedeelde kantoren die naar een hoger niveau werden getild. Ze doen immers bewust moeite om een community op te bouwen en hun banden onderling te bestendigen. Het zijn geen coworkingruimtes, maar ze komen aardig in de buurt.

Hacker & Maker ruimtes

Hacker & Maker ruimtes (zoals FabLab) brengen mensen samen die interesse hebben in dezelfde activiteiten en het delen van kennis.

---

25. Rue du Web is een gezamenlijke werkruimte voor bedrijven: http://rue-duweb.be

Het zijn geweldige plaatsen om bij te leren en projecten op te zetten, maar ze lenen zich minder goed als professionele werkomgeving. Mensen maken vaak gebruik van *maker labs* voor de machines die er zijn om hun projecten en prototypes vorm te geven, maar blijven er meestal niet van negen tot vijf zoals de managers. Dit concept getuigt van een meer hobbygerichte aanpak.

Het zijn centra waar creativiteit, kennis en leren welig tieren, maar ze worden meestal gebruikt in de vrije tijd of voor zeer specifieke opdrachten.

Acceleratoren

Acceleratoren kunnen kleine tijdelijke coworkingruimtes zijn voor teams. Hier zitten meestal zes tot tien teams samen die twee tot zes maanden erg intensief aan hun project werken.

Zij werken wel degelijk aan het verbeteren van start-ups. Maar nadat de start-ups hun uiteindelijke *pitch event* hebben afgerond, moeten ze vaak plaats ruimen voor nieuwkomers en zelf op zoek naar een nieuwe werkplek.

Het is dan ook erg jammer dat de interactie en al deze nauwe samenwerkingsverbanden plots worden afgesneden. Een coworkingruimte zou voor hen de beste optie zijn. De teams moeten er echter over waken dat ze hun interactie niet enkel beperken tot de mensen die ze al kennen.

Incubatoren

De term incubator verwijst meestal naar bedrijven die gelinkt zijn aan universiteiten, openbare instellingen en acceleratoren. In theorie vormden de incubatoren een opstap naar een beter verbonden en gedeelde professionele wereld. Vandaag is dit concept echter gereduceerd tot vastgoedbedrijven die kantoorruimtes verhuren. Wanneer we hen met levensechte incubatoren vergelijken, zijn dit gewoon nesten: ze missen de eieren en de kloek die hen uitbroedt. Hier snelt coworking dan ook te hulp met zijn organisatoren (kloek) en coworkers (eieren).

Bars en cafés

Bars en cafés zijn niet per se gezamenlijke werkruimtes, maar plaatsen waar veel mensen naartoe gaan omdat ze geen weet hebben van coworking of omdat ze in een voor hen onbekende stad vertoeven. Het makkelijke is dat je gewoon je laptop openklapt en kunt beginnen te werken, zolang je betaalt voor eten en drinken. De nadelen zijn echter legio[26]: deze plaatsen werden niet ontworpen om te werken en je bent in een mum van tijd afgeleid.

---

26. Deze tekeningen van ThreeFortyNine Coworking vergelijken thuis werken, werken in een café en werken in een coworkingruimte: http://visual.ly/coworking-desks-accelerate-business

Community

WAT IS EEN COMMUNITY?

We hebben allemaal een verschillende definitie voor het woord 'community'. Het is een rekbaar concept zoals vele andere termen in de wereld van de coworking. De community van coworkers (waarvan jij als organisator deel uitmaakt) bepaalt de duurzaamheid van de coworkingruimte op lange termijn en creëert een meerwaarde voor de coworkers zelf.

Een community is geen nulsomspel[27] waarbij één iemand moet verliezen opdat de andere kan winnen. In een community is de winst van één iemand de winst van iedereen. Organisatoren van coworkingruimtes en heel wat coworkers zijn meesters geworden in het aanknopen win-winsituaties[28], waarbij iedereen baat heeft (hoewel soms in verschillende gradaties).

Wanneer je een community opstart, ben je zelf het eerste lid. Om de vroege supporters aan jouw kant te krijgen, moet je eropuit trekken om er nog meer te vinden. Dat kunnen businesspartners zijn, coworkers in spe, vrienden... Je moet zelf mensen vinden die interesse zouden kunnen hebben in werken in een coworkingruimte en met wie je deze nieuwe community kan opbouwen en uitbreiden.

Je cirkel van familie en vrienden ligt binnen handbereik, maar je moet uiteraard verder reiken dan dit. Je moet evenementen bijwonen en organiseren, jezelf aan anderen voorstellen, je verhaal vertellen en lessen trekken uit wat anderen vertellen... En in dit

---

27. Meer lezen over het concept 'nulsomspel': https://nl.wikipedia.org/wiki/Nulsomspel
28. Een win-winsituatie is méér dan een spel, het is een goed onderzocht concept: https://nl.wikipedia.org/wiki/Win-winsituatie

alles moet je ook trouw blijven aan jezelf. Pak het dus slim aan[29], pitching is uit den boze! Je bouwt relaties op met andere mensen, het is géén eenrichtingsverkeer.

Een community gaat over mensen, niet over merken, logo's of Facebookpagina's. De lijm die de community samenhoudt, zijn de intermenselijke relaties. Wanneer je mensen met elkaar in contact brengt, begin je te timmeren aan je eigen community, de community van je coworkingruimte. Als lid van een community willen anderen je leren kennen en weten of ze je kunnen vertrouwen. Relaties zijn gestoeld op vertrouwen. Je kunt dus beginnen met vertrouwen te geven en hierop verder te bouwen in functie van het gedrag van de ander. Een van je rollen is vertrouwen op te bouwen tussen de leden.

Een community is méér dan een netwerk. Een community is méér dan een groep mensen die onder hetzelfde dak werken. Een community is gestoeld op ervaring, participatie, verantwoordelijkheid en relaties. Dat zijn de ingrediënten die het gevoel creëren ergens bij te horen en de community levend houden[30]. Je hebt gedeelde ervaringen nodig. Wanneer er participatie is, wordt je gevoel van betrokkenheid en verbondenheid veel groter[31]. Zonder verantwoordelijkheid voor je eigen acties ten opzichte van anderen en de coworkingruimte, kun je geen gezonde relaties onderhouden. Zonder relaties op te bouwen tussen de leden van de community, rest je enkel een verzameling mensen.

29. Geweldig voorbeeld van hoe je vooral NIET te gedragen op een evenement: http://www.youtube.com/watch?v=XuM0KtW73WU
30. Interessant interview over community met Alex Hillman: http://thecommunitymanager.com/2013/01/14/the-experience-of-community-alex-hillman
31. *The Art of Community* van Jono Bacon is dan weer een geweldig boek over community's: http://j.mp/communitybacon

WAARDE VAN EEN COMMUNITY

Al dit gepraat over community's is geen loos gepalaver. Het gaat over waarde creëren voor anderen en je bedrijf. Zonder een community van leden en organisatoren met de juiste dynamiek zal je coworkingruimte maar één waarde uitdragen: het feit dat het een ruimte is. Je zult geen toegevoegde waarde creëren waardoor coworkers intekenen en blijven. Je zult evenmin een duurzame voorsprong genieten tegenover andere aanbieders van coworking (kantoor thuis, andere coworkingruimtes, businesscentra, gedeelde kantoren...).

Coworking is ontstaan uit de behoefte van zelfstandige professionals om ervaringen, netwerken, kosten, enz. te kunnen delen. Dit concept werd een realiteit wanneer professionals in een gemeenschappelijke ruimte begonnen te werken en er vertrouwen ontstond. Wanneer we vertrouwen hebben, kunnen we op verschillende manieren verdergaan. Vertrouwen helpt ons als mens kwalitatieve relaties aan te gaan, zowel op persoonlijk als professioneel vlak. Als we een ecosysteem kunnen opzetten waarin onze klanten het comfortabel vinden om naast ons en hun collega-coworkers te werken en om elkaar te helpen, bieden we hen echte exclusieve en unieke waarde. Zij blijven klant en brengen op hun beurt anderen naar je coworkingruimte.

Hoe sneller we de banden tussen de coworkers kunnen aanhalen en het ontstaan van vertrouwen kunnen aanwakkeren, hoe duurzamer, waardevoller en rendabeler de relatie met elke coworker zal zijn. Je zult zien dat naarmate deze banden en dit vertrouwen zich ontwikkelen en worden versterkt, de waarde die de leden uit hun lidmaatschap bij de community halen steeds groter wordt.

Wanneer je klanten zich bewust worden van de waarde van coworking bij jou, zullen ze zich tot trouwe coworkers ontpoppen en zijn ze niet langer gewone gebruikers die hun biezen zullen pakken zodra ze ergens goedkoper terechtkunnen. Ze zullen vertellen over jouw coworkingruimte en ze aanbevelen, feedback geven en je helpen deze ruimte sterk en gezond te houden. Door deze band te scheppen met je community zul je met de tijd makkelijker grotere dingen en projecten kunnen voorstellen waar een hogere inzet, content en prijs aan vastzitten.

Binnen je coworkingruimte zijn altijd verschillende community's en subcommunity's actief. Je community slaat op iedereen die deel zal uitmaken van of in contact zal komen met je ruimte en merk: je coworkers, deelnemers aan evenementen en de bredere plaatselijke community waarop je zelf een impact hebt. Je community wordt gevormd door en speelt een rol in verschillende community's die de muren van je coworkingruimte overstijgen. Maar jouw ruimte is een van de belangrijkste links en activatoren. Jij bent de organisator van een centrum dat hen massa's toegevoegde waarde biedt.

Het is een goed idee belangstelling voor je coworkingruimte te wekken bij verenigingen, bedrijven en openbare instellingen in de buurt. Praat met hen en stel je open op. Als je ziet dat dit je echter te veel tijd en moeite zal kosten en je niet genoeg terugkrijgt, kap er dan mee. Sommige mensen hebben wel de beste bedoelingen maar worden vooral betaald om veel tijd te spenderen aan zaken zonder duidelijk tijdsbestek of doel. Jij niet.

JE COMMUNITY OPRICHTEN, VOEDEN EN LATEN GROEIEN

De eerste hindernis bij het opstarten van een community, is dat coworking vrij onbekend is. Zelfs al barst het concept momenteel uit zijn voegen, toch hebben nog maar heel weinig mensen in een coworkingruimte gewerkt. Weinig mensen kennen coworking. Wees slim en bespreek de problemen en noden van je potentiële leden die bijvoorbeeld in een café werken. Je moet mensen opleiden rond coworking en ze integreren door hen iets nuttigs en waardevols aan te reiken.

Start je community op

Wat je écht moet weten om een coworking community te starten, is dit: je hebt geen ruimte op zich nodig. Ga op zoek naar de mensen die een deel van hun arbeidstijd op een sociale manier willen doorbrengen. Een community kan je eender waar onderbrengen, zolang er maar elektriciteit en internet zijn (airco/verwarming zijn een pluspunt). Leer de mensen kennen. Zo zul je ook hun noden beter begrijpen en kun je na verloop van tijd zien of je genoeg mensen hebt om te beginnen, hoe ze werken, hoe je hen kunt bereiken... Hierdoor bouw je ook een lijst op van potentiële klanten voor je ruimte zodra je ze huurt. Eén evenement zal het hem echter niet doen. Organiseer regelmatig evenementen en onthoud dat coworking over werken gaat en niet alleen over socializen: je klanten zijn professionals die hun brood proberen te verdienen.

Evenementen

Als je geen uitgebreid netwerk hebt om hierover te communiceren, moet je dat opbouwen. Kijk wat er rondom jou gebeurt. Ga naar andere evenementen, maak kennis met de organisatoren, zoek naar online community's van freelancers en kleine ondernemers in de buurt. Een netwerk opbouwen kost tijd en moeite. Hoe meer moeite je doet, hoe minder tijd het je kost.

Evenementen organiseren is een geweldige manier om jezelf voor te stellen, bekend te worden en mensen te leren kennen in professionele en plaatselijke netwerken. Het goede aan evenementen organiseren, is dat weinig mensen dit werk willen doen. Neem dit te baat: help mee evenementen te organiseren en organiseer ook je eigen activiteiten.

Doe dit niet alleen. Betrek anderen bij de evenementen en activiteiten van je community. Door er gemotiveerde mensen bij te betrekken, bouw je een gezondere community op en reik je verder. Als jij andere gemotiveerde mensen helpt en hun belangen en evenementen promoot, geef je de community al een duwtje in de rug door waarde toe te voegen en verantwoordelijkheid te delen.

Voer zelf promotie en help op jouw beurt andere promotoren van evenementen en activiteiten van community's.

Dit kun je niet snel-snel doen. Een community opbouwen is een organisch proces dat tijd vergt. Maar het loont de moeite. De community zal lang blijven bestaan als je ze blijft voeden. Community's zijn gebaseerd op vertrouwen tussen de leden en het gevoel ergens bij te horen. Vertrouwen vergt tijd. Inspireren, motiveren, organiseren en mobiliseren is de boodschap.

Help anderen de community en jezelf te helpen.

De eerste meeting die je organiseert, zal misschien geen hoog-vlieger zijn (dat hangt sterk af van je netwerk en hoe hard je werkt om mensen te doen komen), maar normaal gezien boeken de volgende evenementen meer succes. Als je geen deelnemers hebt, heb je misschien een probleem en open je in deze fase beter geen coworkingruimte.

Je bouwt niet alleen een community op, je voert ook een markt-onderzoek. Je biedt je project, je ideeën, je dromen en jezelf aan de stad aan. Niet alle plekken zijn klaar voor een nieuwe cowor-kingruimte, of misschien ben je gewoon niet de juiste persoon om een community op te bouwen.

Geef niet op: verander je boodschap, probeer een nieuwe plek uit, een nieuw tijdstip, een andere dag, spreek anders over coworking, snijd andere onderwerpen aan... Maar als dat niet werkt en men-sen geen interesse hebben in wat je verkoopt, bedenk dan dat er misschien geen klanten voor je project zijn en dat je in andere zaken moet investeren.

Evenementen promoten stopt ook niet bij het begin van je evene-ment. Je moet anderen tonen wat er gebeurt, welke interessante mensen zich onder je publiek bevinden en welke initiatieven er aan de gang zijn. Deel je ervaring, indien mogelijk tijdens en na het evenement, en stip de zaken aan die de afwezigen zouden kunnen verleiden toe te treden tot je community en deel te nemen aan het volgende evenement.

Meetup.com[32] is een geweldige plek om mensen en geïnteres-seerden te ontdekken en je evenementen te promoten. Onthoud

---

32. Bekijk hier wat er rondom jou gebeurt: http://www.meetup.com

gewoon dat ze je geen e-mailadressen geven van de mensen die intekenen voor je groep. Zorg er dus voor dat je hen verplicht om hun e-mail vraagt bij elke inschrijving voor een evenement. Zo bouw je je eigen mailinglijst op.

Evalueer je evenementen. Vraag jezelf en de deelnemers wat ze er goed en slecht aan vonden, wat voor verbetering vatbaar is en hoe. Misschien heb je niet de juiste mensen aangesproken of kon de timing beter. Wat ertoe doet, is dát je het doet, en er niet alleen over blijft nadenken. Blijf doelgericht organiseren en uitproberen om specifieke zaken te verbeteren.

Jouw rol als community manager

Wanneer je beslist een community op te starten, kruip je in de rol van initiatiefnemer. Dan heb je ook de plicht mensen te helpen toetreden en andere leden te leren kennen. Focus op waarde creëren voor elke persoon die zich aansluit.

Naarmate je community groeit, groei je mee. Je bent beter op de hoogte, hebt een groter netwerk, voelt zaken beter aan... Jouw inzicht in je community, in wat daar gebeurt en in je ideeën zullen je doen evolueren en aanpassen om continu waarde te blijven creëren.

Je kunt niet alles weten. Een deel van je rol is het versnellen van serendipiteit[33]: de kansen verhogen dat mensen iets positiefs vinden waar ze niet naar op zoek waren. Dit is een creatief proces, wat maakt dat je het niet tot een eenvoudig recept kunt herleiden.

---

33. Op mijn visitekaartjes kun je zien dat ik mezelf als een Serendipity Accelerator™ omschrijf.

Blijf zoeken naar manieren waarop je mensen kunt helpen en met elkaar in contact kunt brengen, kansen kunt aanreiken en evenementen kunt organiseren die deze omstandigheden zullen katalyseren. Maak er een natuurlijke reflex van. Jij kunt een voorbeeld stellen voor anderen. Laat de controle los. Je kunt de hele ervaring rond coworking niet van a tot z bepalen, maar je kunt wel een belangrijke rol spelen om dit proces te kneden en te sturen.

Om de juiste sfeer te creëren in je community moet je altijd in 'aan-modus' staan. Je zult fouten maken. Sommige dagen zal het je dagje niet zijn, maar je moet er een dagelijkse gewoonte van maken. Als organisator van een coworkingruimte ben je een actieve speler in de opbouw van je community. Het zal niet zomaar gebeuren, je moet er elke dag aan werken.

Banden creëren en versterken

Ervoor zorgen dat iedereen elkaar kent in een coworkingruimte is geen sinecure. Elke persoon heeft zijn eigen routine en zit meestal geconcentreerd te werken. Je moet kansen promoten en ze soms zelfs afdwingen waarbij mensen met elkaar aan de praat raken en elkaar leren kennen.

Bij Betacowork en in andere coworkingruimtes smeden we via evenementen, groepsdynamiek en tools betere banden tussen de leden van de community en versterken we ze ook. Hierbij focussen we vooral op:

- **Netwerkevenementen en introducties:** Connecties creëren en coworkers met elkaar in contact brengen is heel belangrijk. We stellen hen aan elkaar voor door de eenzaten ofwel persoonlijk voor te stellen aan anderen (zeker in het geval van zeer introverte of luie leden) of door evenementen te organiseren waarop alle deelnemers zichzelf kort voorstellen en uitleggen wat ze precies nodig hebben of waarbij ze hulp kunnen gebruiken (het is geweldig om, naast het feit dat je hen echt helpt, ook gesprekken en serendipiteit aan te wakkeren). Elke kans om leden aan elkaar voor te stellen is goed. Wij netwerken ook voor coworkers wanneer ze er niet zijn. Andere coworkers kunnen op hun beurt hetzelfde doen voor jou en andere coworkers.

- **Voedsel:** Coworkers komen vooral naar je ruimte om er te werken. Je kunt ze niet de hele tijd onderbreken, ze moeten zich concentreren op hun werk. Het beste tijdstip om te praten en mensen aan elkaar voor te stellen, is de lunch. De meeste mensen gebruiken hun lunchpauze om wat te ontspannen en hun computer even te laten voor wat hij is. Neem dit te baat. Lunch met je coworkers en stel ze aan elkaar voor. Je kunt hen vragen of ze elkaar kennen, een onderwerp aankaarten waarin ze vermoedelijk interesse hebben... Lunches organiseren is een fantastische manier om mensen dichter bij elkaar te brengen: barbecues, etentjes waarbij iedereen zelf iets meebrengt, kooklessen, kookgroepen of een nieuw restaurant uitproberen.

  Blijf deze kansen creëren, ook al vertel je gewoon dat je even naar buiten gaat voor een broodje en vraag je of iemand wil meekomen. Vraag mensen om zich effectief in te schrijven voor je evenementen (al was het maar door een eenvoudige agenda-uitnodiging). Zo verhoog je hun engagement. Koffiepauzes werken ook goed, zeker wanneer ze elk kopje koffie apart moeten maken (waardoor ze langer aan de machine moeten wachten en dus meer kans hebben om een gesprek aan te knopen). Organiseer dagelijks een gezamenlijke koffie- en lunchpauze en doe zelf ook mee. Op een dag zullen ze dit zelf doen en zelfs nieuwe coworkers uitnodigen. Dat is de magie van een gewoonte invoeren en een cultuur ontwikkelen in je community door zelf het goede voorbeeld te stellen.

- **Visibiliteit:** Help je leden zichtbaarder te zijn binnen en buiten de community. Veel professionals focussen enkel op hun projecten en taken en laten het marketingaspect vaak achterwege. Waarom zou je hen niet helpen door hen op je website en sociale media te promoten? Waarom geen steun en feedback geven over wat ze doen? Je coworkers zijn je beste referenties buiten je ruimte. Mensen vertrouwen op hun vrienden en nauwe contacten. Wanneer je hun werk promoot, zullen ze dit zien als een versterking van hun band met jou en zul je deze band verder kunnen verdiepen. Deze dankbaarheid zal zich ontpoppen tot iets gemeenschappelijks en iets wat je deelt met de rest van de coworkers en bijgevolg, tot iets dat hen meer het gevoel geeft bij de community te horen. Tegelijk kom je zelf in contact met hun klanten, kennissen, familie en vrienden – een onschatbare bron van contacten.

  Maak gebruik van de ledenmuur[34] in je ruimte en op je website (een plek waar je de gezichten, namen en biografieën van je leden vindt), zodat de coworkers elkaar kunnen vinden en weten wat de anderen doen. Dit biedt een bijkomend voordeel: door anderen te tonen dat je klanten hebt in je ruimte, denken mensen dat je hun geld waard bent (lees meer over sociaal bewijs in het hoofdstuk over marketing).

---

34. Dit is de online ledenmuur van de Betacowork http://www.beta-cowork.com/coworkers/ en de workINcompany http://workincompany. com/#miembro

- **Groep enkel voor leden:** Een online groep enkel voor leden is een geweldig instrument om hulp te krijgen en informatie te delen zonder een evenement of een (lunch)pauze te moeten afwachten. Het moeilijkste is de juiste inhoud delen. Maar zodra alles begint te rollen, creëert dit heel veel waarde voor de leden omdat je ze toegang geeft tot talent, projecten en kennis. Afhankelijk van hoe groot je ledenbestand is, zou je alle nieuwe leden geleidelijk aan kunnen voorstellen, hoewel persoonlijke ontmoetingen beter werken.

- **Deelname in de organisatie van evenementen:** Sommige evenementen zul je zelf organiseren, andere zullen door leden worden georganiseerd. Steun hen bij de organisatie van evenementen. Elk evenement is een nieuwe ervaring om te delen en een nieuwe kans om relaties aan te knopen. Een evenement kan ook de wens aanwakkeren om iets met andere leden te organiseren.

Ik ben er zeker van dat je nog heel veel manieren kunt bedenken om het gevoel tot een community te behoren verder te ontwikkelen. Wij testen elke dag een nieuwe manier uit. Wat doe jij? Wees niet verlegen en deel je ideeën met de coworking community op: http://coworkinghandbook.com/community-building.

Hoe omgaan met conflicten

Angst voor conflicten binnen de community komt bij organisatoren van coworkingruimtes meer voor dan de conflicten zelf. Je zult ongelooflijk veel interactie hebben met je coworkers, en zij hebben er op hun beurt onderling nog meer. Een conflict zal heel zeldzaam zijn. De meeste conflicten zullen ook beperkt zijn.

Als je tussenbeide dient te komen voor het welzijn van de community, doe dan eerst dit: praat met alle betrokken partijen. Onderzoek wat er is gebeurd en beoordeel het belang ervan. Probeer een billijke en rechtvaardige oplossing te vinden. Houd de waarden en de ethiek van je ruimte voor ogen om je beslissing te nemen en het vertrouwen van de community te beschermen. Soms is een gesprek alles wat nodig is. In andere gevallen moet je soms drastische maatregelen nemen zoals een lidmaatschap intrekken of zelfs de politie bellen. Het is jouw ruimte, en dus ook jouw verantwoordelijkheid.

Marketing & Sales: Je ruimte promoten en nieuwe klanten aantrekken

Sommige mensen denken dat ze door het woord coworking te gebruiken in alles wat ze doen automatisch succes zullen boeken. Sorry, maar dat is allesbehalve waar.

Coworking is geen tovermiddel om reële problemen op te lossen: je moet hard werken om de coworking zelf en je ruimte te promoten, en nieuwe klanten aan te trekken én te behouden. Mocht er een eenvoudige wiskundige formule bestaan, zou iedereen precies hetzelfde doen en zou dit voor iedereen werken. Maar we gebruiken geen formule, zo werkt het gewoon niet. Wij zijn immers mensen, onze klanten ook. Robots doen niet aan coworking.

Net zoals voor andere bedrijven zijn de basisprincipes van marketing en communicatie van kracht. Je moet je doelpubliek iets interessants aanreiken op een manier die het begrijpt. Je moet bewustzijn, interesse en verlangen creëren en de actie triggeren die jij voor ogen hebt – meestal dat zij bij jou komen coworken. En je wil uiteraard dat anderen vol lof zijn over jou!

Wanneer je een coworkingruimte opstart, wil je dat je coworkers op lange termijn bij jou blijven. Je bouwt een community op. Een ik-wil-tegen-alle-prijs-scoren houding werkt niet. De juiste dynamiek en sfeer in je ruimte creëren is fundamenteel. Stel je klanten centraal, dan boek je sowieso meer succes.

Onthoud dat coworking nog steeds in zijn kinderschoenen staat. Het fenomeen bestaat nog maar een paar jaar en de meeste mensen hebben er ofwel nog nooit van gehoord of begrijpen het concept anders. Leg hen de zaken eenvoudig uit zodat ze het van bij het begin snappen. Zorg ervoor dat ze niet worstelen met het concept. Doen ze dat wel, dan beginnen ze misschien zelf alles op eigen houtje uit te zoeken in plaats van naar jou te luisteren.

Wanneer je het hebt over marketing en sales, zul je merken dat sommigen deze twee concepten over dezelfde kam scheren. Voor anderen zijn dit gelinkte maar aparte termen. En dan heb je nog de mensen die marketing opsplitsen in marketing en communicatie. Je schoolt je hier niet in bij, dus wat maakt het uit? Het zijn gewoon twee kanten van hetzelfde concept, die elkaar wederzijds beïnvloeden. Onthoud gewoon dat het allemaal deel uitmaakt van de verkoopcyclus.

Laat coworkers, potentiële klanten, journalisten, vrienden en anderen je helpen door het hen makkelijk te maken te begrijpen wat je aanbiedt, je ruimte te promoten, je website en promoties te delen, je op sociale media te vermelden... Als je het hen makkelijk maakt, doen zij een deel van het werk voor jou.

WAT IS JE DOEL?

Wanneer je een coworkingruimte runt, wil je meer coworkers aantrekken en eventueel vergaderruimtes en ruimtes voor evenementen verhuren.

Dit zijn verschillende producten met een verschillend doelpubliek. Je zult dus andere doelen moeten stellen en andere strategieën moeten hanteren. Het een kan het ander helpen, ze staan niet los van elkaar. Als je veel evenementen organiseert en de deelnemers de coworkingruimte laat inpalmen, zul je je leden storen en gaan ze mogelijk weg. Maar net door mensen aan te trekken naar de evenementen, toon je je potentiële klanten ook een glimp van waar coworking om draait. Misschien willen ze zelf komen coworken of sturen ze mensen naar je toe die mogelijk interesse hebben.

Hou je doelen voor ogen en probeer te begrijpen hoe deze de andere aspecten van je business beïnvloeden: je merk, je community, je financiën enz.

Goede doelen zijn doelen die je kunt meten en je een idee geven over de toekomst van je business, en niet enkel over je verkoopcijfers. De evolutie van de try-outs en de deelnemers aan rondleidingen in je coworkingruimte opvolgen kan een goede indicator zijn voor wat er staat te gebeuren met potentiële klanten.

Het aantal leden en de inkomsten zijn de twee makkelijkst te meten dingen. Dat doe je best maand per maand. Wat ook kan helpen, is te kijken naar de evolutie van de lidmaatschappen tijdens de huidige maand. Niet iedereen tekent immers van tevoren in. Op die manier zou het natuurlijk wel makkelijk zijn om alle aantallen op de voet te volgen.

Als je je klanten wil behouden, praat dan met je coworkers wanneer ze aangeven weg te willen gaan en probeer erachter te komen waarom. Dit kan puur seizoensgebonden zijn (veel mensen gaan tijdens de vakanties weg en komen dan terug) of misschien is er iets dat je kunt oplossen. Een gewoon gesprek kan je helpen de klant in de toekomst terug te winnen of zelfs te behouden.

WIE IS JE KLANT? DE MARKT

Het merendeel van de klanten van coworkingruimtes zijn kenniswerkers (mensen die met een computer en internetverbinding werken): freelancers, ondernemers, telewerkers en kleine bedrijven. Freelancers vormen de meerderheid en grootste bron van potentiële klanten. Richt je op hen, maar verlies ook de rest niet uit het oog.

Het kan moeilijk zijn om de grootte van de freelancersmarkt in je stad in te schatten, aangezien hier meestal geen gegevens over bestaan. Je zult vaak gegevens over nieuw opgerichte bedrijven en ingeschreven personen vinden, maar het is niet zo eenvoudig om de kenniswerkers die jou interesseren er uit te filteren. In elke stad zijn er duizenden freelancers en microbedrijven die baat kunnen hebben bij coworking. Zoek de beschikbare gegevens op in je stad en contacteer de verschillende diensten voor hulp. Bedrijven die diensten aanbieden aan freelance professionals (zoals verzekeraars) beschikken ook over dergelijke gegevens.

DE CONCURRENTIE

De coworkingindustrie is op de meeste plaatsen niet groot genoeg om de andere ruimtes in je stad te beschouwen als echte concurrenten. De meeste mensen weten zelfs niet wat coworking is. Je moet je ruimte dus niet alleen promoten, maar ook een extra inspanning doen om uit te leggen wat coworking precies is. Bedrijven die een vroeg ontwikkelingsstadium van een markt betreden, hebben het moeilijker omdat ze veel moeten vormen en opleiden. Als jij succesvol bent, kun je misschien ook de eerste zijn in je segment, en dat kan voordelig zijn. Wanneer coworking begint te groeien in een stad is het beter om meerdere coworkingruimtes te hebben. Op die manier leren mensen het concept sneller kennen en kun jij je concentreren op het promoten van je ruimte zonder extra uitleg en overtuigingskracht[35].

Wie is je grootste concurrent? Daar waar je potentiële klanten werken: thuis! Inderdaad, niet alleen bedrijven zijn je concurrenten. Alles wat klanten tegenhoudt om met jou een professionele relatie aan te gaan, is een concurrent. Heel wat freelancers werken van thuis uit. Sommigen vanwege de kosten, maar de meesten doen dit omdat ze gewoon geen goed alternatief hebben. Help hen de voordelen van coworking te zien. Lok ze je ruimte in zodat jij een deel wordt van hun mentale kaart en krijg een hoop nieuwe, gelukkige coworkers! Zet de voordelen van coworking[36] en alle nadelen van thuis werken in de verf[37].

Hoe meer dure en kleine huurflats en kantoorruimtes er zijn in je stad, hoe beter voor jou. Mensen zullen eerder de neiging hebben op zoek te gaan naar een professionele werkruimte waar je kunt ademen.

De prijs is maar één aspect van het geheel, je spendeert er best ook niet te veel energie aan. Als je belangrijkste concurrent (het huis van je klanten) iets gratis aanbiedt, zul je de prijzenoorlog nooit winnen. Je moet waarde creëren waarvoor de klant herhaaldelijk wil betalen.

---

35. Het Coworking magazine Deskmag publiceerde de resultaten van een onderzoek hierover http://www.deskmag.com/en/the-development-of-coworking-spaces-213
36. In dit artikel belicht Deskmag de voordelen van coworking op basis van de resultaten van een wereldwijd onderzoek: http://www.deskmag.com/en/advantages-of-coworkig-spaces-over-traditional-and-home-offices-581 Doe gewoon een zoekopdracht op "voordelen van coworking" en je krijgt meteen een hoop ideeën.
37. Top 10 afleidingen bij thuiswerk: http://www.deskmag.com/en/the-top-10-distractions-when-working-from-home-644

Weet welke andere coworkingruimtes en businesscentra er rondom jou bestaan. Iedereen die een soortgelijke dienst aanbiedt, kan in de ogen van de klant een alternatief en dus een concurrent zijn. Je hebt er baat bij met de andere eigenaars en organisatoren van coworkingruimtes te praten en te volgen wat zij doen. Maak er echter geen obsessie van: focus je vooral op de promotie van je eigen ruimte.

FOCUS

Focus op je corebusiness. Als ondernemer kan dat moeilijk zijn omdat je van nature optimistisch bent over nieuwe kansen. We onderschatten echter allemaal de hoeveelheid werk die deze nieuwe kansen met zich meebrengen. Je doet meer dan één ding tegelijk. Maar hoe meer je focust, hoe beter je resultaten. Hetzelfde geldt voor je belangrijkste inkomstenbronnen, ook daarop moet je focussen!

Als je hebt beslist dat coworking de belangrijkste bron van inkomsten van je ruimte is, focus je daar dan op en doe wat nodig is om er een succes van te maken. Zodra je uitgroeit tot een bepaalde grootte, kun je wat meer investeren in de andere aspecten van je business. Misschien kun je zelfs al iemand aanwerven om dit in jouw plaats te doen. Je kunt evenementen promoten terwijl je intussen verder timmert aan het lidmaatschap en je je toch op de coworkers concentreert. Meer leden betekent een stabieler inkomen zonder dat je maandelijks nieuwe verkopen moet doen voor elke klant. Coworking staat gelijk aan klantenbinding; de meeste evenementen doen dat niet.

Bij de opstart van een ruimte hebben de meesten beperkte middelen en hangen ze af van eigen fondsen. We kunnen in de verleiding komen om naast de coworking extra jobs aan te nemen of nieuwe activiteiten te creëren. Het kan ook een noodzaak zijn. Als het moet, kan dat uiteraard maar beperk wel de tijd die je eraan spendeert. Focus je vooral op de opbouw van je ruimte.

WIE BEN JE? BRANDING.

Branding draait niet alleen om je imago en wat je te zeggen hebt. Het gaat over je persoonlijkheid en de persoonlijkheid van je business. Jij en de mensen die je naar je coworkingruimte brengt, bepalen de persoonlijkheid van een coworking business véél meer dan welk logo of welke naam ook. Jij kunt dit proces sterk beïnvloeden, maar je kunt het niet controleren. Je relaties met je coworkers, de relaties van de mensen met wie je werkt en de manier waarop je communiceert hebben ook een invloed op de community van coworkers en de uitstraling van je merk. De relaties die je aanzwengelt en versterkt beïnvloeden eveneens je merkuitstraling – en bepalen ook wie je bent[38].

Mik je op technologische of creatieve professionals? Richt je je liever tot alle soorten zelfstandige ondernemers? Of heb je eerder een corporate publiek voor ogen hebt? De keuze is aan jou. Hou gewoon je deuren open voor andere profielen om je omgeving zo rijk en divers mogelijk te houden. Dit creëert meer waarde voor je klanten en brengt meer klanten naar je toe.

Wanneer je aan je project begint maar coworking nog onbekend is waar je woont, is het makkelijker om op één groep professionals te

---

38. Het Marketing Fundamentals Canvas is een interessante tool die je je business in marketingzin beter helpt te begrijpen: http://www.cezary.co/post/79977288955/marketing-fundamentals-canvas

mikken. Beperk je echter niet tot een niche. "Web professionals" vormen een groot potentieel ledenbestand, "Nederlandstalige Flex Developers die in Brussel wonen" niet. Zodra je een bepaalde grootte en bewustzijn bereikt, kun je je marketing duidelijker op andere beroepen afstemmen. Zorg er wel voor dat je je fans van het eerste uur niet verliest!

Je profielen op sociale media en andere websites vertellen heel wat over jou en je bedrijf. Stel altijd een foto waarop je glimlacht of een logo van je ruimte als profielfoto in. Vul alle nodige informatie in en doe geregeld een update van deze gegevens. Voeg indien mogelijk foto's, video's en andere info toe (voeg bijvoorbeeld meer foto's en eventueel video's van je ruimte toe aan je Google Places Zakelijk-pagina).

INVLOED

Sommige aspecten van je business kun je controleren. Maar wanneer het op mensen aankomt, kun je enkel invloed uitoefenen. Als eigenaar van je bedrijf en marketeer probeer je anderen te beïnvloeden om een coworker te worden, deel te nemen aan je evenement, je blogpost te lezen, je Facebookpagina te liken enz.

Het boek "Influence: the Psychology of Persuasion" van Robert Cialdini en Steve Martin[39] is hierbij een must. Het helpt je te begrijpen wat mensen denken wanneer je hen van iets probeert te overtuigen en wat anderen denken wanneer ze jou proberen te

---

39. Meer informatie vind je op de website http://www.influenceatwork.com Als je niet graag leest, kun je hier een interessant en beknopt filmpje bekijken: https://www.youtube.com/watch?v=cFdCzN7RYbw Het boek is echter de moeite waard!

overtuigen. Dit interessante boek leest heel vlot en bevat talloze inzichten. Het benadert de kunst van het beïnvloeden en verkopen vanuit een wetenschappelijke hoek.

Dit zijn de zes werkbare invloedsbeginselen die je kunt gebruiken:

- **Wederkerigheid:** mensen hebben de neiging je een gunst terug te doen. As je hen iets gratis geeft, zullen ze zich meer verplicht voelen je hun geld te geven (trakteer hen bijv. op een koffie op de dag dat ze de coworking komen uittesten).

- **Engagement en consistentie:** als mensen zich voor iets engageren (door bijvoorbeeld in te tekenen op de try-out), zal de kans groter zijn dat ze dit engagement naleven, zelfs als de oorspronkelijke motivatie er niet meer is. We hebben allemaal de neiging consistent te zijn. Als we een klein engagement aanvaarden, zullen we eerder de neiging hebben dat ook te doen voor een groter engagement[40].

- **Sociaal bewijs:** Mensen doen dingen die anderen doen. Vertel hen als incentive wat anderen doen. Als je coworkingruimte leeg is, zullen er ook minder mensen willen zijn (net zoals je nooit de eerste op de dansvloer wil zijn). Zorg er dus voor dat je veel mensen hebt, deel de nieuwe intekeningen, deel foto's van mensen onder elkaar in je ruimte enz.

- **Autoriteit:** mensen hebben de neiging autoritaire figuren te gehoorzamen. Dat kan liggen aan kledij (zoals reclame met dokters), titel (professor), reputatie... Aangezien ik een boek

---

40. Consistentie uitgelegd in 59 seconden: https://www.youtube.com/watch?v=ydchCy5WF_I

heb geschreven over coworking zullen veel mensen me zien als een autoriteit binnen de wereld van de coworking. En net omdat je een coworkingruimte runt, zullen de mensen rondom jou je beschouwen als een plaatselijke autoriteit op vlak van coworking.

- **Leuk vinden:** Mensen kunnen makkelijk overtuigd worden door mensen die ze leuk vinden, zoals een beroemdheid of een vriend. Een basisprincipe is mond-tot-mondreclame. Lok dus invloedrijke personen naar je ruimte!

- **Schaarste:** Waargenomen schaarste creëert een vraag. Schenk aandacht aan die waarneming in het hoofd van de ander. Voorbeelden van gecreëerde schaarste zijn tijdelijke verkoop en beperkte promoties. Het is interessant om te zien dat hoe minder stoelen je over hebt in je ruimte, hoe meer mensen ze willen.

Deze lijst is eigenlijk een te eenvoudige voorstelling maar kan je wel helpen. En lees het boek "Influence": je business zal floreren.

STEL JEZELF IN HUN PLAATS

Wanneer je met iemand communiceert, moet je de ander uiteraard begrijpen. Praat met je klanten en stel jezelf in hun plaats. Probeer een boodschap over te brengen die hen interesseert. Straf je publiek niet met informatie die ze niet belangrijk vinden: ze zullen je negeren.

Wanneer je snapt wat je klanten diep vanbinnen drijft, kun je hen iets bieden van waarde.

VAN EERSTE CONTACT TOT CONVERSIE

Wanneer je een product op de markt brengt, gaan we allemaal door de zogenaamde verkooptrechter. Er bestaan verschillende versies, maar AIDA is de handigste en makkelijkst te onthouden variant[41]. AIDA is een acroniem en staat voor Awareness, Interest, Desire en Action (Bewustzijn, Interesse, Verlangen en Actie). Het wordt als een trechter voorgesteld omdat je van het ene niveau naar het andere minder en minder mensen hebt, tot een paar mensen de gewenste actie nemen. Dit kan bijvoorbeeld een inschrijving zijn in je coworkingruimte, een ticket kopen voor een evenement, een recensie of je ruimte schrijven enz.

Eerst moet je bewustzijn creëren. Mensen moeten weten dat je bestaat en wat je doet. Je probeert hun aandacht te trekken. Het is de eerste indruk die telt, wees dus authentiek. Als je stuurse bedrijfsfoto's gebruikt en de gekende marketingpoppenkast speelt, zal niemand geloven dat jouw coworkingruimte cool is. Gebruik liever échte foto's met glimlachende coworkers en managers[42].

Daarna wek je interesse, zodat mensen meer over jou willen weten. Focus op de voordelen van je aanbod, niet op de kenmerken ervan. Tegen dan heeft hun primaire brein beslist dat,

---

41. Dit zijn enkele van de nieuwe afleidingen: http://en.wikipedia.org/wiki/AIDA_%28marketing%29

42. Marketeers hameren nogal op de glimlach omdat ze weten dat de hardware van mensen is afgestemd op sociaal gedrag en omdat spiegelneuronen ons in ons eigen brein het effect doen ervaren van de glimlach van de andere persoon of op de foto. Let op: een fake glimlach is uit den boze! In deze artikels kom je meer te weten over dit thema: http://www.scientificamerican.com/article/the-mirror-neuron-revolut/ and http://www.psychologytoday.com/blog/cant-buy-happiness/201208/when-youre-smiling-the-whole-world-buys-your-toothpaste

omdat wat je te vertellen hebt interessant is, het meer complexe en rationele deel van je hersenen zich kan toeleggen op de informatie en energie kan besteden aan het verwerken en analyseren van de informatie.

Daarna komt het verlangen. Potentiële klanten moeten ervan worden overtuigd dat ze jouw product willen en dat dit zal inspelen op wat ze nodig hebben.

Wanneer er tot actie moet worden overgegaan, help je doelpubliek dan met een duidelijke en niet mis te verstane oproep tot actie – leid hen naar wat jij wil dat ze doen. Wees recht voor de raap en verstop je aansporing tot *Teken nu in* en *Boek een vergaderzaal* niet. Maak het je klanten makkelijk om ze te laten doen wat jij in gedachten hebt: laat ze niet verder nadenken[43].

Afhankelijk van het deel van de trechter waar je op focust, zul je andere technieken en boodschappen gebruiken. Hieronder volgt een voorbeeld van promotie voor een nieuwe coworkingruimte:

1. **Awareness (Bewustzijn):** maak een website en zorg ervoor dat je aanwezig bent op sociale netwerksites. Laat anderen weten dat je er bent: contacteer hen rechtstreeks of via de pers, invloedrijke personen, sociale media enz. Vertel hen kort en bondig wat coworking is, hoe je ruimte heet en tot wie ze zich richt. Vraag hen andere mensen te laten weten dat je bestaat.

---

43. Geweldig, beknopt, eenvoudig en nuttig boek over webdesign: *Don't Make Me Think*, door Steve Krug http://www.sensible.com/dmmt.html

2. **Interest (Interesse):** zet de belangrijkste voordelen van coworking en waarom coworken bij jou geweldig is op de homepagina van je website. Deel dit op sociale media en e-mail dit in een nieuwsbrief naar de geïnteresseerden.

3. **Desire (Verlangen):** bied een speciale formule aan om je ruimte te komen ontdekken, zoals een gratis testdag of een korting voor een beperkte tijd. Nodig de mensen uit die je hebben gecontacteerd over je coworkingruimte, vrienden en invloedrijke personen met wie je deze ervaring wil delen voor een gratis try-out of een opendeurdag (en niet te vergeten: deel dit herhaaldelijk op sociale media). Stuur een speciaal aanbod naar mensen die al hebben ingetekend voor een try-out.

4. **Action (Actie):** vraag hen in te tekenen voor de try-out of het speciale aanbod. Organiseer een gratis testdag. Stuur hen na deze dag een e-mail waarin je hen vraagt om feedback en om in te tekenen.

Wat je ook wil zeggen, doe het zo kort mogelijk. Hoe makkelijker mensen je bericht kunnen lezen en begrijpen, hoe hoger de impact. We hebben het allemaal druk en zijn niet per se geïnteresseerd in de e-mails die we dagelijks krijgen. Onthoud dat een geschreven tekst en mondelinge tekst niet hetzelfde zijn, en dat verschillende soorten doelgroepen een verschillende focus en verschillende manieren waarop je jezelf voorstelt vereisen. Een potentiële klant die meer wil weten over coworking wil niet noodzakelijk dezelfde informatie als een doctoraatsstudent die een scriptie schrijft over coworking. Ook andere organisatoren die samen met jou een conferentie over coworking bijwonen, willen niet noodzakelijk hetzelfde weten.

JE BOUWT RELATIES OP MET MENSEN

Dit is geen business waarin je van de eerste keer raak schiet. Je bouwt relaties op met klanten, met de media, de plaatselijke overheden, bankiers, investeerders en leveranciers. Ieder van hen kan een extra klant betekenen voor je ruimte. Het zijn allemaal mensen, geen machines, geen bedrijfjes. Een sprekend bedrijf bestaat niet, enkel mensen kunnen spreken.

Online netwerken zijn geweldig, maar niets kan op tegen een persoonlijke ontmoeting. Creëer kansen zodat mensen elkaar ontmoeten en zorg ervoor dat je zoveel mogelijk mensen leert kennen met wie je contacten onderhoudt.

Je hebt al veel ervaring in het opbouwen van relaties. Dat doe je immers al van kleins af. Niet alle relaties zijn echter dezelfde. Er zullen sterkere en zwakkere schakels tussen zitten, maar die kun je altijd versterken door gewoon regelmatig contact te houden. Door informatie over jezelf en je bedrijf op sociale media te delen, bouw je deze schakels op.

OMGAAN MET JOURNALISTEN EN INVLOEDRIJKE PERSONEN

Journalisten en invloedrijke personen zijn mensen zoals iedereen. Zij geven ook om relaties en hechten ook belang aan boeiende zaken die de interesse van hun doelpubliek zouden kunnen wekken.

Als jij interesse in journalisten en invloedrijke personen toont, zullen ze meer openstaan voor wat je te vertellen hebt.

Bouw zelfs vóór je je bedrijf start al een band met hen op en laat hen weten wat je doet. Stel jezelf eens in hun plaats, ontdek welke job ze doen[44] en hoeveel aanvragen ze krijgen. Bekijk hun publicaties en contacteer hen om te zien hoe je hen kan helpen en contacten kunt aanreiken van mensen uit je netwerk en coworkingruimte (dubbel voordeel: je helpt beide kanten en wordt misschien zelfs vermeld in hun artikel). Vraag hen wat ze zoeken en hoe je hen kan helpen. Het is een goed idee om een document op te stellen (meestal een spreadsheet, maar het kan ook gewoon een nota zijn in je contacten) met hun naam, gegevens, waar ze voor schrijven en wat hun interesses zijn.

Begrijp het verschil tussen wat nieuws is en wat niet. Het feit dat je een nieuw lid voor je coworkingruimte hebt kunnen laten intekenen, is misschien wel interessant voor jou, maar is geen nieuws voor de rest van de wereld. Mocht de president van je land komen coworken bij jou, is dat wel nieuws natuurlijk! Nieuws moet nieuw, opmerkelijk, interessant, buitengewoon of markant zijn om nieuws te zijn. Stel jezelf de vraag: zou iemand anders dit belangrijk vinden? Waarom?

Wees behulpzaam. Zo zullen ze zich jou vaker herinneren. Op het moment dat je hen met nieuws benadert, zullen ze vaker geneigd zijn te antwoorden (onthoud: wederkerigheid is een belangrijk element als je invloed wil uitoefenen).

Verspil hun tijd niet, wees kort en bondig. Geen superlatieven. Ze moeten zo al vaak en snel genoeg informatie filteren. Dit betekent dat ze je nieuws niet zullen lezen wanneer het te stroperig of te

---

44. In deze videovoorstelling van journalist en invloedrijke persoon Robin Wauters kom je meer te meten over journalisten en hun job: http://www.youtube.com/watch?v=v_4PBMagWXc

lang is. Hun mailbox loopt al over van slechte e-mails, persberichten en pitches, die ze er zo uit kunnen halen en door tijdsgebrek recht naar de vuilnisbak verwijzen.

Maak het journalisten en invloedrijke personen makkelijk. Ze zijn net zoals jij druk bezig. Stel je tekst en je boodschap zo op dat ze meteen en zonder wijzigingen kan worden gepubliceerd. Hanteer een taal die zij en je doelpubliek begrijpen. Hoe minder werk ze hebben om je boodschap te begrijpen en te vertalen naar hun lezerspubliek, hoe groter de kans dat je in de media terechtkomt. Hen het leven makkelijker maken doe je niet enkel met woorden, maar ook door grafisch materiaal aan te reiken: foto's van je ruimte, jezelf, je leden...

Voeg altijd je contactgegevens toe (gsm en e-mail). Als ze interesse hebben maar je niet makkelijk kunnen contacteren, is je kans verkeken.

Lukraak een persbericht sturen getuigt van luiheid, alsof je niet bekommerd bent over je doelpubliek. Het is natuurlijk beter dan niets, maar je moet de mensen die het bericht zullen krijgen benaderen en het ook bespreken (ervoor is beter dan erna, alle contact is beter dan geen). Denk erover na, iedereen krijgt tegelijk dezelfde informatie. Wat is hun voordeel als iedereen hetzelfde publiceert? Journalisten houden van exclusiviteit en gaan graag vroeger naar binnen dan de anderen. Ze vinden het geweldig om nieuws, perspectieven en informatie te hebben die niemand anders heeft.

Focus bij het uitpikken van de journalisten en invloedrijke personen op de mensen die je klanten belangrijk vinden en die een duidelijke band hebben met je corebusiness. Een artikel in een nieuwsbrief van een plaatselijke vakorganisatie kan meer impact hebben op het succes van je business dan een artikel in een nationale krant. Je bouwt aan je business en niet aan je ego.

DOE HET GEWOON (HET HOEFT NIET PERFECT TE ZIJN)

Een boodschap versturen die eigenlijk niet perfect is, is honderd keer beter dan helemaal niets uitsturen.

Laat angst je leven of je business zeker niet bepalen. Toen ik aan dit boek begon, heb ik al snel persberichten uitgestuurd met de vraag om feedback. En die was niet zo fraai. Ik moest er nog heel wat aan sleutelen, maar de feedback heeft me hierbij geholpen. Toen ik mijn website lanceerde, kunnen we zeggen dat het... een stuk beter kon.

Misschien ben je bang om een blunder van formaat te begaan die je bedrijf zal ruïneren, maar dat is nergens voor nodig. Je bent een gevoelig mens. Je zult maar weinig doen dat zo'n hevige impact kan hebben en onherstelbaar is. Impact uitoefenen, zowel met goede als slechte dingen, is niet makkelijk. We maken allemaal fouten en zullen dat nog vaak doen. Leer eruit en probeer ze geen twee keer te maken.

In je business en marketing zul je een cyclus doorlopen van leren, voorbereiden, doen en evalueren, elke keer opnieuw. Je zult nooit alles weten en dingen veranderen – geniet dus van het proces!

BEGIN NU

Relaties opbouwen kost heel wat tijd en moeite. Begin nu. Wacht niet tot de dag waarop je alles lanceert. Zelfs al heb je nog geen ruimte, je kunt al klanten zoeken en het project met hen bespreken.

Creëer een website en lanceer je op sociale media. Gebruik ze dan ook meteen en wacht niet tot alles perfect is. Je kunt zelfs inschrijvingen noteren via een waarborg of reserveringssom.

Als je al een community hebt opgebouwd vóór je je ruimte opricht, zal dat een voordeel zijn. Maar het blijft hard werken. Indien niet, begin je met evenementen bij te wonen en te organiseren, en zoek je uit waar je potentiële klanten kunt vinden (online en in de reële wereld).

Toen ik de Betacowork [45]opstartte met Jean Derely[46], hadden we al een contactenbestand van 3000 mensen uit de Betagroup, het grootste netwerk van technologische professionals en ondernemers in België. We maakten actief deel uit van het plaatselijke technologisch ecosysteem en hadden een uitgebreid persoonlijk netwerk (waaronder de alumninetwerken van onze scholen in Brussel). Dit maakte de dingen eenvoudiger en sneller, maar het ging heus niet vanzelf. Drie jaar later ben ik nog steeds lid van het bestuur van de Betagroup, die nu 7000 leden telt. De coworkingruimte telt nu 200 leden.

Toen Jaime Aranda en Alberto Perez Sola de workINcompany[47] in Sevilla lanceerden, moesten ze van nul beginnen. Hun persoonlijk en professioneel netwerk had niet meteen aansluiting met de mensen die mogelijk interesse zouden hebben in de coworkingruimte die ze gingen openen. Ze woonden in een stad waar niet veel gebeurde op vlak van professioneel netwerken. Daarom besloten ze hun plaatselijke ecosysteem op te bouwen en te promoten

---

45. Betacowork: http://www.betacowork.com
46. Jean Derely zei de wereld van de coworking intussen vaarwel door het succes van zijn start-up http://www.woorank.com
47. workINcompany: http://workincompany.es

terwijl ze verder timmerden aan hun ruimte en hun community. Voor hen verliep alles moeilijker, maar vandaag hebben zij hun stempel gedrukt op de stad.

RECENSIES EN GIDSEN

Je runt een lokaal bedrijf. Dat betekent dat lokale recensies je gaan helpen nieuwe en potentiële klanten aan te trekken en betere zoekresultaten te boeken. Voeg je bedrijf toe dus aan de plaatselijke recensiewebsites. Voor velen onder jullie zal dat Google Places Zakelijk[48] zijn (te zien op Google Maps) en Yelp[49]. In België zit je best ook op CityPlug[50]. Zoek de lokale gidsen die mensen in je land, streek, stad enz. gebruiken.

Het is belangrijk dat je in al deze gidsen foto's toevoegt van je ruimte en van hoe het eraan toegaat. Stel jezelf de vraag: "Zou ik meer over deze plek willen weten bij het zien van deze foto? Zou ik naar hun website surfen? Zou ik ernaartoe willen?" Elke foto is beter dan geen foto.

Voeg alle bedrijfsinformatie toe die je kunt invullen en vul je bedrijfsnaam slim in: voeg het woord coworking toe en als je evenementen organiseert, dan voeg je ook dat woord toe. Overdrijf niet met de kop en stop er vooral zoekwoorden in. Hou het simpel, beknopt en elegant.

---

48. Voeg je bedrijf toe aan Google Maps en krijg recensies: https://www.google.com/business/placesforbusiness/
49. Yelp wordt vaak gebruikt in de VS en een beperkt aantal andere landen: http://www.yelp.com/
50. Dit is de Betacowork-pagina op CityPlug: http://j.mp/cpbetacowork

Zodra je ruimte live is gegaan in een bepaalde gids, vraag je je klanten en volgers een score te geven. Hoe meer recensies en hoe hoger de scores, hoe meer dit je marketing zal voortstuwen. Wees wel voorzichtig. Op sites zoals Yelp wordt een algoritme gebruikt dat recensies diskwalificeert indien er plots te veel worden ingestuurd en als de recensent nieuw is en geen andere recensies schrijft/heeft geschreven. Je kunt mensen een e-mail sturen na elke try-out of wanneer ze een paar weken in je ruimte hebben vertoefd. Wees niet rancuneus als ze geen recensie schrijven.

Er zijn heel wat gidsen die geen recensies toelaten maar wel bezoekers naar je website kunnen brengen en de zoekmachines helpen je pertinente zoekwoorden beter te evalueren. Voeg je bedrijf in de eerste plaats toe aan Coworking Wiki[51]. Er kunnen ook relevante lokale gidsen bestaan voor de plek waar je woont, zoals Coworking Spain[52].

Er bestaan ook gidsen die je 'zogezegd' gratis helpen plaatsen te verkopen in je ruimte. Ik vind dit persoonlijk tijdverspilling. Het brengt amper of geen klanten op en creëert alleen meer administratieve taken. Er kunnen misschien uitzonderingen zijn, daar kijk ik alvast naar uit! Een plaatsje in hun index kan je op z'n minst helpen met je SEO.

---

51. Coworking Wiki gids: http://wiki.coworking.com/w/page/29303049/ Directory
52. Coworking Spain: http://coworkingspain.com

MARKETING- EN BUSINESSASPECTEN VAN EEN COMMUNITY

Een community opbouwen heeft veel voordelen. Zodra je een community hebt opgebouwd en kunt behouden, pluk je ook de vruchten aan business- en marketingzijde.

Als je leden zich loyaal voelen tot de community, heb je een bepaalde lock-in bereikt: ze zullen niet snel vertrekken omdat ze jou en je ruimte kennen en ze hebben al relaties opgebouwd met andere leden. In een nieuwe ruimte moeten ze van nul herbeginnen. Als ze hier waarde in zien, zullen ze niet verkassen omdat een ander iets goedkopers of gratis koffie aanbiedt. Je hebt een toegangsdrempel gecreëerd voor je concurrenten.

Vertrouwen maakt deel uit van de community en vermindert de wrijving in de economische zin van het woord: transacties gebeuren dus makkelijker en sneller. Deze transacties kunnen te maken hebben met geld (een dienst verkopen aan coworkers of onder elkaar) of gratis zijn (maar waardevol, zoals elkaar helpen met websites, reclame enz.). Vertrouwen schroeft de werkdruk ook terug. In veel coworkingruimtes is het gebruik van *trustware* heel normaal. Dat kunnen bijvoorbeeld spaarvarkentjes zijn waarin je het geld stopt om de drankjes die je nuttigt mee te betalen. Een dergelijk systeem schept meer vertrouwen en betekent minder middelen hoeven in te zetten.

Vertrouwen creëert meer waarde: de coworkers zullen vaker onderling samenwerken als ze elkaar vertrouwen.

Als je coworkers jouw aanbod en wat je voor hen doet appreciëren, zullen ze het over jou hebben en zich ontpoppen tot je beste ambassadeurs. Help hen jou te helpen.

RELEVANTIE, TAAL EN SLEUTELWOORDEN

Je moet de taal van je doelpubliek kunnen spreken en hun vocabularium kennen. Speel relevant in op hun noden. Met taal bedoel ik geen Engels of Spaans. Ik bedoel de woorden die je leden gebruiken.

Als je publiek een bepaald woord niet kent of begrijpt (zoals coworking), doe dan wat extra moeite om dit duidelijk te maken voor je andere boodschappen overbrengt. Als ze nog aan het verwerken zijn wat je net hebt gezegd, kunnen ze ook geen aandacht geven aan wat je nog zult zeggen.

Door de juiste woorden te gebruiken op je website, in je naam en op sociale media, breng je jouw boodschap ook beter over en kun je ze benadrukken. Ze zijn namelijk relevant voor je publiek. Wanneer je mensen hoort praten over zoekwoorden en zoekmachines, dan hebben ze het over de woorden die hun doelpubliek gebruikt in zijn zoektocht. De vuistregel is: de relevantste en belangrijkste woorden komen altijd eerst, of zo dicht mogelijk bij het begin.

Het is niet omdat je relevante sleutelwoorden gebruikt, dat je de robot moet uithangen. Wees creatief en onthoud dat het geen nut heeft een zin vol te stouwen met woorden als je publiek er niet warm voor loopt. Ze moeten ten minste op een link klikken om te bekijken waarover het gaat.

Veel bedrijven trappen in de val en gebruiken hun eigen jargon in hun communicatie met klanten. Zoiets kan enkel wanneer je je richt op een publiek uit de sector of op mensen uit je bedrijf, anders niet. En zelfs dan gebruik je best woorden die iedereen begrijpt.

Er is momenteel een discussie aan de gang over het gebruik van coworking versus co-working. Als het van de coworking community afhangt, is er geen discussie[53]: het wordt zonder koppelteken geschreven.

WAAR VIND JE INHOUD?

Er bestaat inhoud die je met iedereen kunt delen. Sommige inhoud is zelfs nieuwswaardig: je organiseert evenementen, lanceert een onderneming, denkt na over de business, over wat gebeurt en gezegd wordt, coworkers doen vernieuwende dingen enz.

Inhoud kan verschillende formaten (tekst, foto's, video's, tekeningen) en onderwerpen hebben: je kunt een coworker of nieuws over zijn/haar bedrijf in de spotlights zetten; je kunt getuigenissen delen van mensen die in je ruimte werken; je kunt uitleggen wat coworking is; je kunt een rondleiding geven etc. Er zijn talloze mogelijkheden. Als je niet goed weet welke inhoud te gebruiken, luister dan naar wat je klanten te vertellen hebben en wat hen bezighoudt. Kijk ook naar wat andere coworkingruimtes doen – je zult al snel heel wat ideeën vergaren. De meeste coworkers zijn freelancers. Deel dus informatie die freelancers interesseert.

---

53. Koppelteken? http://doescoworkinghaveahyphen.com

Je coworkers promoten is een prima manier om je ruimte in de kijker te zetten. Je laat niet alleen de mensen die jou niet kennen iets ontdekken over je ruimte en welke mensen er komen, het is ook een sociaal bewijs dat anderen je ruimte boeiend vinden en waarde hechten aan wat je biedt. Hierdoor zal je ruimte meer mensen aantrekken. Je coworkers zullen blij zijn omdat je hen geholpen hebt (en jezelf ook!). Dit leidt misschien wel tot professionele kansen die dan weer in een ander artikel aan bod kunnen komen.

In de bijlagen vind je twee lijsten met voor- en nadelen van coworking. Deze kunnen je helpen bij je website en marketingmateriaal[54]. Ze hebben ook betrekking op de noden en angsten van je potentiële klanten.

CROSS-MARKETING

Bij je promotie zul je heel wat verschillende instrumenten en media gebruiken. Gebruik ze in je voordeel door bepaalde inhoud overal te hernemen en laat elk kanaal het andere promoten: voeg links toe aan je pagina's op sociale media en voeg links naar netwerken toe aan je website, evenals video's, blogposts, tweets, statusupdates enz. Je hebt bijvoorbeeld een filmpje opgeladen op YouTube en daar schrijf je een post over op je blog. Daarna deel je deze blogpost op Facebook en Twitter en in de post voeg je een link toe naar je videokanaal waarin je mensen vraagt in te tekenen. Je voegt je website en socialemediapagina's toe in de beschrijving van de video en in het filmpje zelf, inclusief links naar al je sites en andere video's.

---

54. Mocht je iets willen toevoegen of bespreken, deze lijsten werden ook geüpdatet op de blog: http://coworkinghandbook.com/advantages-benefits-coworking-list/ and http://coworkinghandbook.com/downsides-of-coworking-and-how-to-reply-mega-list/

Je kunt wel niet telkens overal dezelfde tekst gaan kopiëren en plakken. Een volledige blogpost is te lang voor een tweet van 140 tekens. Maar je kunt wel een aantal interessante tweets laten verwijzen naar de originele blogpost via de titel en interessante uitspraken uit de tekst. Het werkt ook omgekeerd: met een tweet kun je geen blogpost vullen, maar je kunt het idee verder uitwerken en er zelfs een filmpje over maken. Een e-mail kan een goed begin zijn voor een blogpost en andersom.

Cross-promotie gaat niet enkel over kanalen, het gaat ook over anderen promoten en door hen gepromoot worden. Een gastenartikel schrijven voor een gevestigde blog of krant is een geweldige manier om een publiek te bereiken zonder dat je dit hoeft op te bouwen. Ook relevante mensen laten schrijven voor je blog is een goede manier om anderen te promoten en interessante inhoud voor te schotelen die je niet zelf hoeft te creëren.

BEDANK EN BELOON

Er bestaan heel wat manier om de mensen te bedanken en te belonen voor de promotie van je inhoud. Het beste is een persoonlijk bedankje en hen te waarderen voor hun bijdrage. Je kunt hun inhoud ook delen en promoten en hen waar nodig een handje helpen. Een relatie opbouwen die op lange termijn voor beide partijen voordeel oplevert, kost tijd. Een simpele retweet of vind ik leuk op Facebook kan veel doen.

Je hoeft niet in te boeten aan populariteit omdat je een link naar iemand anders op je website plaatst. In feite helpt dit jou én hen. Hetzelfde geldt voor Twitter, Facebook en LinkedIn. Help en laat je helpen!

INTERNE COMMUNICATIE

Niet alle marketing verloopt via externe communicatie en promotie. Communiceer ook met je coworkers, klanten, team, leveranciers en investeerders vanuit verschillende hoeken, over gevarieerde onderwerpen en niet altijd op hetzelfde moment. Je coworkers willen misschien meer weten over iets nieuws in de coworkingruimte, terwijl investeerders eerder cijfers willen over het rendement van je bedrijf. Als je vaak en waarheidsgetrouw communiceert, lopen de dingen vlot en sta je sterker als de zaken verkeerd lopen. Het zal je in elk geval op allerlei manier helpen.

EVENEMENTEN ALS MARKETINGINSTRUMENT

Evenementen zijn niet alleen een potentiële bron van inkomsten, maar ook een geweldig marketinginstrument. Evenementen kunnen veel mensen naar je ruimte brengen. Zij prenten zich je ruimte in en voegen deze toe aan hun mentale kaart. Evenementen brengen je ruimte dichter bij de mensen die er zijn. Plots zullen mensen die jou voorheen nooit in gedachten hadden, overwegen om naar je ruimte te komen. Anderen zijn op hun beurt gerustgesteld over het voordeel erbij te horen. Nog anderen zullen het tegen hun vrienden over jou en dit nieuwe, coole concept hebben. Zij kunnen lid worden en hun vrienden aansporen de ruimte uit te testen.

Evenementen die inkomsten genereren, kunnen ook nieuwe coworkers aantrekken. Evenementen die geen geld opbrengen, kunnen ook nieuwe coworkers aantrekken en tot betalende evementen leiden. Ze verankeren je merk en community, als sponsor en promotor. Alle evenementen helpen je waarde voor je community en kansen op vlak van netwerken en serendipiteit te creëren.

Gebruik je evenementen actief om je ruimte te promoten. Hiermee bedoel ik niet dat je mensen om de haverklap moet vragen zich voor elk evenement in te schrijven. Leg in plaats daarvan kort uit wat je doet. Mensen zullen je vragen stellen en je de kans geven om de interesse in je ruimte om te zetten in de wil er ook deel van uit te maken. De organisatoren moeten op z'n minst een link naar je ruimte toevoegen en je in hun presentatie bedanken of iets over jou vertellen.

Sommige evenementen zul je zelf organiseren, maar probeer ook organisatoren van andere evenementen aan te trekken. Als er geen zijn waar je woont, help ze dan te organiseren en verleen je steun aan nieuwe belangengroepen en evenementen. Wanneer je met iemand praat die misschien een van deze evenementen wil opzetten, vertel dan dat je wil helpen en de ruimte gratis ter beschikking wil stellen.

Bescherm jezelf door duidelijk aan te geven wie verantwoordelijk is in geval van problemen. Zo krijg je organisatoren die nog meer verantwoordelijkheid opnemen. Een eenvoudige e-mail met de gebruiksvoorwaarden van de ruimte kan wonderen doen.

Evenementen van anderen bijwonen of er een presentatie geven, kan een geweldige kans zijn om je eigen ruimte te promoten. Ga dus naar buiten en toon jezelf aan de buitenwereld. Coworkingconferenties zijn een uitgelezen kans om andere eigenaren en managers te ontmoeten en beste praktijken te leren, maar niet om nieuwe klanten te ronselen. Ga naar meetings met freelancers en ondernemers, stel jezelf voor en ontdek waar iedereen mee bezig is. Oprechte interesse zal anderen geïnteresseerder maken in jouw verhaal.

HOE SCHRIJVEN

Er bestaan honderden boeken over hoe te schrijven. Zelfs als we ze allemaal zouden lezen, zou onze stijl nog verschillend zijn en zouden we het allemaal over iets anders hebben.

Wat ertoe doet, is dat je op een makkelijk te begrijpen manier schrijft. Schrijf zo beknopt mogelijk in de taal van je doelpubliek en begin altijd met wat voor hen het belangrijkst is.

Eenvoudig en beknopt schrijven is niet 'onnozel'. Het is zelfs moeilijker dan een lange en ingewikkelde tekst schrijven. Uitleggen wat je doet in één enkele zin die iedereen begrijpt, vraagt veel werk. Doe het. Leer hoe jezelf en anderen te pitchen (geweldig voor presentaties) en onderlijn de waarde (bijv.: X is een coworkingruimte die freelance professionals helpt hun bedrijf uit te bouwen door hen met talent en klanten in contact te brengen). Je kunt de klassieke 5 journalistieke W's achterwege laten (wie, wat, wanneer, waar en waarom), maar jouw luisteraar kan wel meteen interesse krijgen in wat je doet en vragen beginnen te stellen.

Je wil ook niet alles de hele tijd delen. Je kunt wel een paar betekenisvolle boodschappen uitsturen naar je doelpubliek. Eén enkele en sterke boodschap werkt het best. Focus op wat écht telt voor je doelpubliek en stel je open voor vragen en een gesprek.

In cursussen journalistiek leer je altijd over de omgekeerde piramide. Dit betekent dat je altijd moet beginnen met het belangrijkste en vandaar uit de zaken verder kunt uitwerken. Als je doelpubliek dan zijn interesse verliest, is er toch een grotere kans dat de kernboodschap is aangekomen. Een typisch voorbeeld van hoe het niet moet, is een artikel of blogpost beginnen met je profiel en werkoverzicht. Dit kan je toevoegen in een link, komt op het laatst of laat je gewoon achterwege.

Gebruik geen superlatieven en wees zuinig met adjectieven. Als je je zinnen zo moet stofferen, moet je waarschijnlijk ook niet schrijven over het onderwerp in kwestie.

JE WEBSITE

De meeste klanten zoeken informatie over jou op je website. Ze komen er terecht via een zoekopdracht, een link op sociale media of een van je marketingcampagnes. Een site is heel belangrijk voor je business. Je kunt dus maar beter een goede website hebben. Je moet de zaken niet nodeloos ingewikkeld maken. Zorg er gewoon voor dat bezoekers makkelijk informatie vinden over jouw aanbod en hoe ze kunnen intekenen.

Je website maken

Een basiswebsite is makkelijk te maken, zelfs zonder technische kennis. Gebruik gewoon WordPress[55] of een andere online dienst-verlener[56], zo hoef je geen software te installeren. Je hebt zelfs geen persoonlijk webadres nodig (domeinnaam of URL). Je kunt je pagina gewoon aanmaken, inhoud toevoegen en dit zolang als je wil privé houden. De inhoud, woorden, foto's en video's die je gebruikt om je boodschap over te brengen aan je potentiële

---

55. WordPress is een van de standaardservices voor websites en blogs: http://wordpress.com De .com is de service die ze zelf hosten en de .org is de software die je kunt downloaden.
56. Dit zijn enkele eenvoudige online website publishing services: http://www.wix.com, http://www.weebly.com, en voor tijdelijke pagina's: http://checkthis.com.

klanten en leden die je website zullen gebruiken en die hen zullen verleiden tot intekenen, zijn het belangrijkst. Heb je dit nog nooit gebruikt? Geen paniek, het is makkelijker dan je denkt.

Je kunt je website ook vanaf je eigen server runnen. Veel ruimtes gebruiken gratis en open source software zoals WordPress[57] of Drupal[58]. Deze zijn makkelijk te installeren en meestal ken je wel iemand die weet hoe dit te doen. Anders volg je gewoon de instructies, je zult zien dat het vanzelf gaat. De meeste hosting providers bieden ook eenvoudige geautomatiseerde installaties aan.

Domeinnaam

Heb je je domeinnaam nog niet aangekocht voor je bedrijf? Doe het dan NU. Goede domeinnamen zijn schaars en er is veel vraag naar. Ze kunnen dus snel weg zijn, zeker als het een .com domeinnaam is. Het goede nieuws is dat deze niet duur zijn (zo'n $7-12, [€5-9]). Je kunt er een aantal kopen om je merknaamopties veilig te stellen en om het toekomstige concurrenten moeilijker te maken aanspraak te maken op een goede naam.

Als je voordeel wil halen uit het woord coworking om hoger te eindigen in de zoekresultaten, is het beter dit woord ook in je domeinnaam te hebben. In dit geval kun je best coworking in combinatie met de naam van je stad te gebruiken coworkingbrussels.be, coworkingbruxelles.com (stad in het Frans geschreven), en coworkingsevilla.com.

---

57. Wordpress is een gratis online platform dat de nodige technologie biedt voor een heel aantal websites: http://wordpress.org/
58. Drupal is nog een populair platform: https://drupal.org/

Jaime en ik wisten niet goed hoe we dit boek gingen noemen. Daarom kochten we verschillende domeinnamen met de woorden-combinaties die ik goed vond. Nadat we coworkinghandbook.com hadden gekozen, stuurden we de andere domeinnamen allemaal door naar deze site.

Als je favoriete naam niet meer beschikbaar is, kun je drie dingen doen:

- Overkopen van de huidige eigenaar.
- Registreren met een ander topniveaudomein (bijv. je koopt een .co of dezelfde naam met het topniveaudomein van je land in plaats van een .com domein).
- Je naam veranderen of een combinatie van woorden toevoegen.

Als je van plan bent de naam over te kopen van de huidige eige-naar, zorg er dan voor dat je met de échte eigenaar te maken hebt als het over een grote som geld gaat. Gebruik een garantie-dienst zoals SEDO[59]: deze treedt tegen een kleine vergoeding op als bemiddelaar zodat de ene partij het geld krijgt en de andere de domeinnaam.

Inhoud

Hou altijd de gebruikers voor ogen wanneer je je website maakt, net zoals met alle ander marketingmateriaal. Zij zullen je website verkennen met een bepaald doel voor ogen. Maak het hen dus

---

59. SEDO is een gerenommeerde dienstverlener om domeinen te kopen en verkopen: http://sedo.com

makkelijk om basisinformatie te vinden, je te contacteren en in te tekenen.

Bekijk de websites van andere coworkingruimtes in de buurt en wereldwijd[60]. Je zult er goede ideeën vinden op vlak van inhoud, structuur, vormgeving enz. Verlies ook niet te veel tijd met vergelijkend onderzoek – nu een website hebben is belangrijker dan ooit de perfecte website te hebben. Het zal je helpen met je SEO en je zult vlotter verbeteringen kunnen doorvoeren zodra je website online staat.

Dit is de structuur van een eenvoudige website van een coworkingruimte:

- **Homepagina:** stel je ruimte voor, leg uit wat je biedt en voor wie. Voeg foto's toe van de ruimte en indien mogelijk een video die toont hoe de ruimte eruit ziet.

- **Prijzen en intekenen:** publiceer je tariefplannen en voeg een knop toe onder elk tariefplan om in te tekenen. Hou het zo simpel mogelijk! Je kunt de inschrijvingen daarna valideren zoals je verkiest (automatisch, persoonlijk, na een controle van het online profiel van de ingeschrevene). Zorg er gewoon voor dat het een betrouwbaar en makkelijk systeem is. Een eenvoudig Google Documents formulier[61] kan al volstaan.

- **Algemene voorwaarden:** dit is in de meeste landen de overeenkomst die de regels bepaalt omtrent je relatie met je

---

60. Je kunt alvast met mijn website beginnen: http://www.betacowork.com
61. Google docs is beschikbaar via: http://drive.google.com

klant. Hou ze eenvoudig en gebruik zo eenduidig mogelijke taal. Lees de algemene voorwaarden van andere coworkingruimtes. Als je de klant een schriftelijke overeenkomst wil doen tekenen, vermeld dit dan ook in de Algemene voorwaarden, op de website bij het intekenen (kan een regel tekst zijn in het formulier) en in de e-mail om hun inschrijving te bevestigen.

- **Intekenen voor gratis try-out en bezoek:** de meeste ruimtes bieden toekomstige klanten een gratis testdag aan. Het is belangrijk dat ze kunnen intekenen voor een specifieke dag. Je wil op z'n minst een e-mailadres, voor- en achternaam en indien mogelijk een telefoonnummer mocht je hen plots moeten contacteren. Als je geen try-outs organiseert, doe je waarschijnlijk geplande bezoeken. Wanneer mensen intekenen, is de kans ook groter dat ze effectief komen. Je hebt dan ook hun gegevens om hen te contacteren.

- **Coworkers:** in het begin zul je nog geen coworkers hebben om toe te voegen. Een succesvolle coworkingruimte heeft foto's nodig van lachende gezichten: dit vormt sociaal bewijs en schept een duidelijk beeld van je community. Voeg je teamleden en een paar vrienden en invloedrijke personen toe die je tot vips hebt bekroond (met hun toestemming).

- **Evenementen:** als je evenementen in je ruimte organiseert, kun een kalender maken en op je website plaatsen zodat mensen weten wat er op het programma staat. Als je ruimtes verhuurt voor evenementen, voeg dan foto's toe, vermeld de afmetingen, de reserveringsvoorwaarden enz. Voeg een contactformulier toe waarin klanten hun noden kunnen oplijsten (grootte van de ruimte, beschikbare stoelen, opstelling enz.).

- **Foto's:** voeg verschillende foto's toe van je ruimte, wees zeker niet te zuinig. Je hebt geen professionele foto's nodig maar het helpt wel en is helemaal niet zo duur. Veel mensen zijn begonnen met foto's genomen met een smartphone en gebruiken deze nog steeds. De kwaliteit van de lens van de huidige smartphones volstaat. Je hebt dan wel geen artistieke invalshoek van een professionele fotograaf, maar het hoeven ook helemaal geen kunstfoto's te zijn.

- **Blog:** je blog is de belangrijkste nieuwsbron over je ruimte en al het leuks dat er gebeurt.

- **Hulp:** maak het potentiële klanten en leden makkelijk om hulp te vinden, zo krijg je ook meer inschrijvingen. Stuur ze door naar je contactformulier, publiceer je telefoonnummer, e-mail enz. Of maak een FAQ-pagina aan voor de meest gestelde vragen. Dat bespaart iedereen tijd. Een chatinstrument zoals SnapEngage[62] kan online bezoekers helpen bij problemen om zich in te schrijven of bij het zoeken naar specifieke informatie.

- **Contact:** voeg een contactformulier toe (als je ook je e-mail publiceert, doe dat dan in de vorm van een afbeelding om spammers te slim af te zijn), je adres, telefoon, e-mail en een kaart[63] met de ligging van je ruimte en instructies hoe er te geraken.

---

62. Live chatinstrument http://snapengage.com Bekijk het gratis start-upplan.
63. Met Google Maps wordt kaarten aan je website toevoegen een fluitje van een cent: http://j.mp/embedmap

BLOG

Je blog vormt een fundamenteel onderdeel van je marketing-strategie. Het is je persoonlijke redactieplek en een belangrijk instrument om mensen geregeld naar je website te lokken met nieuwe informatie. Schrijf minstens één keer per week iets nieuws. Lukt dit niet, geen nood. Blijf gewoon publiceren zo vaak je kan.

In een coworkingruimte gebeurt er altijd heel wat. Hou je ogen open zodat je dingen kan delen op je blog en sociale media. Bij het openen van je ruimte publiceer je bijvoorbeeld updates over de voortgang van de werken en het meubilair. Daarna schrijf je over belangrijke mijlpalen zoals de eerste tien leden; daarna over evenementen in je ruimte... Deel ook nieuws en informatie over je coworkers: zij zijn de bouwstenen van je ruimte en door hen te promoten en dus te helpen, doe je wat je moet doen.

Sommige inhoud is niet gelinkt aan je ruimte. Ga dus op zoek naar onderwerpen die je doelpubliek (freelancers en kleine bedrijven) interesseren, zoals tips voor freelancers en jonge ondernemers. Dit zijn dingen die je moet delen!

Bij gebrek aan inspiratie ga je te rade op de blogs en sociale media van andere coworkingruimtes of zoek je interessante publicaties. Inspireert hun inhoud je? Citeer deze dan en voeg een link toe als blijk van appreciatie en ethisch werken.

Evenementen zijn een dankbare bron van inhoud. Je kunt (en moet) het er voor, tijdens en na het evenement over hebben. Deel foto's en citaten of maak een video-opname van de presentaties en interviews met de presentatoren en het publiek, doe een live webcast... Dat kan allemaal op je blog en sociale media, in je kalender en/of in je nieuwsbrief.

Je communicatie moet vooral schriftelijk verlopen. Die kun je immers makkelijk doorlezen, kopiëren en plakken als citaat of gedeelde info. Bovendien wordt ze door de zoekmachines volledig geïndexeerd. Foto's zijn een geweldige ondersteuning, maar zonder titel en een korte beschrijving kunnen ze voor de lezer moeilijk te begrijpen zijn. Video's zijn ook nuttig maar worden minder bekeken. De pagina met de video zal altijd meer bekeken worden dan de video zelf, tenzij deze echt viraal gaat (dan heb je wel de lotto gewonnen, reken er dus niet op).

Schrijf bij het publiceren van een filmpje altijd iets over het filmpje zelf. Een volledige transcriptie hoeft niet (is nochtans nuttig), maar voeg zeker een inhoudsbeschrijving toe met wie en wat.

Visuele inhoud moet vooral authentiek zijn. Gebruik geen stockfoto's! Die zien er nep uit en hakken in op je geloofwaardigheid. Een slecht belichte foto die je met je smartphone hebt genomen van iets authentieks is zoveel beter dan een stockfoto. Als je echter beroep kunt doen op een professioneel fotograaf, reken je best niet op die foto's alleen om je volledige inhoud te illustreren – je zult er niet genoeg hebben. Gebruik die foto's voor de belangrijkste onderdelen van de site en gebruik zoveel mogelijk echte foto's op je blog en sociale media. Uiteraard kun je zelfs een aparte blogpost publiceren met al je foto's. Goede foto's nemen is niet zo moeilijk[64].

---

64. In deze geweldige gids leer je snel de basisbeginselen om betere foto's te maken: http://lifehacker.com/5815742/basics-of-photography-the-complete-guide

Je hoeft dus ook geen professionele camera te kopen, de meeste smartphones doen het al meer dan behoorlijk. Als je echt van fotografie houdt, heb je waarschijnlijk al een goede camera. Gebruik hem dan ook of leen er desnoods een. Als je de camera maar één keer nodig hebt, huur er dan een. Hetzelfde geldt voor de software, GIMP[65] is gratis en werkt heel goed.

Zodra je een nieuw filmpje hebt, plaats je het op YouTube[66]. Hier vertoeft het gros van de kijkers en zo bereik je meer mensen. Voeg relevante titels en beschrijvingen toe zodat de video makkelijk te vinden is en vergeet geen link naar je ruimte toe te voegen, zowel in de video als in de beschrijving. Geen zin om de video te bewerken? Zet de link dan gewoon in de beschrijving. Met OneLoad[67] laad je makkelijk video's op verschillende platformen op. Je houdt je best aan één enkel platform, zoals YouTube. Hier zal je video het vaakst worden bekeken. Bekijk welk platform het meeste bezoekers oplevert voor filmpjes in jouw taal en zone.

SOCIALE MEDIA

De service die je biedt en de evenementen die je organiseert, vormen een belangrijk onderdeel van je mond-tot-mondreclame. Voor de rest gebruik je hier sociale media voor zoals Facebook, Twitter, Instagram en Foursquare.

Onthoud hier vooral het volgende:

---

65. GIMP is een programma om foto's mee te bewerken: http://www.gimp.org
66. Hier vind je instructies over hoe video's op YouTube te zetten: https://support.google.com/youtube/answer/57924?hl=en
67. Zelf gebruik ik OneLoad al jaren om video's op verschillende platformen op te laden: http://www.oneload.com

- Je communiceert met mensen.
- Je moet het mensen makkelijk (héél makkelijk) maken om dingen te delen en je moet hen eraan herinneren dit ook te doen (tijdens evenementen, via posters, klanten en vrienden vragen je inhoud te delen enz.).
- Niemand zal met jou in interactie treden als je profiel niet is ingevuld (voeg zeker een foto van je glimlachende zelf, team of je logo toe – in deze volgorde).

In het begin heb je geen doelpubliek. Hoe sneller je dit opbouwt, hoe beter. Begin met de kanalen die je al hebt, zoals je persoonlijke sociale media-accounts of die van je andere bedrijven. Voeg op je website links toe naar sociale media, nodig je contacten uit je te volgen en word vrienden op de platformen van je keuze. Voeg ook links toe aan je handtekening onderaan je e-mails. Dit neemt tijd in beslag, maar het loont wel. Je wil dag na dag groeien.

We hebben allemaal een unieke persoonlijkheid en die komt tot uiting in je sociale media. Ook je ruimte ontwikkelt haar eigen persoonlijkheid naast die van jou. Die wordt op haar beurt ook weerspiegeld in de aanwezigheid van je business op sociale media. Stippel het niet te strak van tevoren uit – laat alles groeien en mee evolueren met jezelf.

Elk platform werkt anders en legt verschillende beperkingen op qua lengte, formaat of foto's. Je moet je inhoud dus aan de verschillende platformen aanpassen. Als je bijvoorbeeld een nieuwe blogpost hebt geschreven, kun je de kop en enkele citaten delen op Twitter met een link naar het artikel. Op Facebook gebruik je dezelfde zin of een langer stuk tekst en op Instagram de bijbehorende foto bij het artikel met een korte zin en link in de tekst zelf.

In tegenstelling tot wat sommigen zeggen, is er vaak heel wat interessante info te vinden op deze online platformen en kost dit ook geen uren tijd. Met behulp van enkele tools[68] en de updates van de verschillende platformen wanneer iemand je vermeldt, kun je hier heel efficiënt inhoud posten. Hou gewoon je smartphone bij de hand en hou je ogen permanent open voor onderwerpen die je doelpubliek mogelijk interesseren. Je jaagt immers op nieuws en bent altijd op zoek naar de volgende hoogvlieger.

Twitter

Ik ben gek op Twitter.

Op Twitter[69] moet je alles kort houden, maar daarom niet minder creatief. Je deelt er foto's van wat er momenteel gebeurt in je ruimte, citaten uit je blogposts of uit andere posts en artikels; je kunt (en moet af en toe) je volgers met intrigerende posts *teasen* of je kunt er interessante zaken over andere coworkingruimtes, klanten, bedrijven en mensen delen via een eenvoudige retweet[70].

Het is moeilijk te zeggen hoe vaak je moet tweeten. Een paar tweets per dag zijn prima. Op een evenement kun je volop citeren, je volgers zullen dit op prijs stellen (zij zullen je tweets retweeten, waardoor je nieuwe volgers krijgt). Wat noch op Twitter noch op andere sociale media werkt, is je schuilhouden tot de dag dat je dé grootse aankondiging doet. Mislukking gegarandeerd.

---

68. Bekijk de geüpdatete lijst van mogelijke tools: http://coworkinghandbook. com/tools/
69. Twitter, de wereld in maximaal 140 tekens. http://twitter.com
70. Gebruik geen oude retweets (die met *RT* beginnen), tenzij je er tekst voor zet: native retweets zijn makkelijker te lezen, vertroebelen de tijdlijn van je lezers niet met je gezicht en wat je schrijft zal vaker worden gelezen.

Op Twitter moet je zaken meer dan eens delen. Deel dezelfde post meermaals, maar verander bijvoorbeeld de tekst van de tweet. Begin met de titel en gebruik daarna citaten.

Wanneer je pas begint, volg je best eerst anderen om volgers te krijgen[71]. Niet iedereen zal je terugvolgen, maar sommigen wel. Bovendien zul je interessante inhoud van hen kunnen delen. Je zult ook zaken kunnen bespreken die voor jezelf en je coworkingruimte belangrijk zijn. Weet je niet wie te volgen? Bekijk de lijsten, wie wie volgt en de volgers van andere coworkingruimtes en van je coworkers.

Vraag nieuwe leden die zich pas hebben ingeschreven of je hierover mag tweeten (of dit mag vermelden op andere sociale media) en of je hun Twitternaam mag gebruiken om hen welkom te heten. Dit is sociaal bewijs voor je marketing en zo leren hun vrienden en volgers jouw bedrijf ook kennen.

Onthoud wel dat je op Twitter en andere sociale media gesprekken voert met mensen, het is dus geen eenrichtingsverkeer. Antwoord mensen die jou vermelden, deel, retweet en markeer dingen als je favoriet.

Twitter wordt nog te weinig gezien als een contactinstrument. Het is geweldig om mensen te contacteren van wie je geen e-mail of telefoonnummer hebt. Heel wat belangrijke en drukbezette mensen beheren persoonlijk hun Twitteraccount en zullen je antwoorden. Hou het kort, beleefd en kom ter zake. Zo krijg je misschien hun e-mail of telefoonnummer en wat *quality time* met hen.

---

71. Wanneer je het maximale aantal volgers op Twitter hebt bereikt, gebruik dan een tool zoals http://manageflitter.com om de mensen te ontvolgen die je niet terugvolgt. Je kunt hen later altijd opnieuw toevoegen.

Facebook

Ik ben gek op Facebook.

Facebook[72] is een geweldige plek om informatie te delen en in interactie te treden. Dit platform wordt wereldwijd door ruim een miljard mensen actief gebruikt (ze hebben niet enkel een account, maar zijn echt actief!). Het merendeel meldt zich verschillende keren per dag aan.

Maak een pagina aan voor je coworkingruimte (een pagina, GEEN groep of persoonlijk profiel). Voeg foto's, zakelijke en contactinformatie toe en nodig je vrienden en klanten uit om de pagina leuk te vinden. Slechts een fractie van de mensen die je pagina leuk vinden, zal lezen wat je post. Als ze reageren op je posts (liken, becommentariëren of aanklikken) is de kans groot dat meer volgers en de vrienden van je volgers deze ook bekijken. Hoe meer mensen reageren op wat je schrijft, hoe meer mensen het zullen zien. Dit is een van de dingen waarmee Facebook rekening houdt. Deze site wil immers weten of je post relevant is voor andere gebruikers.

Mensen reageren vaak op foto's. Foto's delen is dus de boodschap. Vergeet geen previews toe te voegen van de links die je deelt. Zo kunnen mensen de foto rechtstreeks op Facebook zien zonder op een andere link te moeten klikken om jouw inhoud te bekijken.

Op Facebook publiceer je best minder dan op Twitter. Post niet elke tweet op Facebook (en zeker geen retweets!), maar hou je aan een stabiele stroom van informatie. Als je dezelfde link meermaals

---

72. Facebook is het grootste sociale netwerk ter wereld, met erg actieve gebruikers: http://facebook.com

op dezelfde dag post, wordt alles gegroepeerd en wordt slechts één post weergegeven. Dit is dus een andere logica dan die van Twitter, waar verschillende keren dezelfde link delen met verschillende tekst je net aan meer clicks en zichtbaarheid helpt. Eén tot drie posts per dag volstaat.

Foursquare

Op Foursquare kunnen je leden hun vrienden laten weten waar ze zijn en foto's delen. Jij zet er dan weer foto's van je coworkingruimte op, die je onmiddellijk via Facebook en Twitter kunt delen. De mensen die op de links van je leden klikken, krijgen deze foto's en de foto's van hun vrienden te zien. Ideaal om de sfeer en de actie in je coworkingruimte aan de buitenwereld te tonen[73]. Sommige leden gaan de strijd aan om de Mayor (burgemeester) te worden van je coworkingruimte op Foursquare – laat hen doen en beloon hen hiervoor. Zij promoten immers je ruimte via sociale media in hun vriendenkring en creëren een nieuwe ervaring om over te praten met de andere coworkers.

Andere netwerken

Er bestaan nog tal van andere sociale netwerken en platformen die minder vaak worden gebruikt of waar weinig interactie plaatsvindt, zoals Google+, LinkedIn en Pinterest. Het hangt af van je doelpubliek, je interesse en vaardigheden en je wil om te experimenteren of je deze al dan niet wil gebruiken. Probeer ze zeker uit, zo zul je zien of dit werkt voor jou of niet. Gebruik een instrument om dezelfde informatie van andere netwerken te delen. Dit bespaart je werk en moeite.

---

73. Neem een kijkje op de Foursquare van Betacowork: http://j.mp/fsbetacowork

Sociale mediatools die je het leven makkelijk maken

Er bestaan bepaalde tools waarmee je tegelijk op verschillende sociale media-accounts kunt publiceren en die je berichten van elkaar scheiden door ze op verschillende tijdstippen te posten. Mijn favorieten zijn Buffer[74] en Hootsuite[75]. Hiermee kun je verschillende Twitter-, Facebook-, Google+ en LinkedIn-accounts beheren (of verschillende accounts op eenzelfde netwerk beheren), posts plannen en al deze posts in één keer toevoegen om ze automatisch volgens een dagschema te publiceren.

Met Hootsuite hoef je bovendien je login en wachtwoord niet te delen met je teamleden. Dit kan echt belangrijk zijn mocht het ooit mislopen.

E-MAILMARKETING

E-mail is een krachtig marketinginstrument, zolang je toelating vraagt om informatie te mogen sturen. Een mailbox is heilig en zit vaak tjokvol. Wanneer mensen je toestaan hen je bedrijfsinformatie door te sturen, zetten ze een persoonlijke deur voor je open. Maak er dus geen misbruik van. Hou het kort, kies een veelzeggende titel, kom ter zake en zorg ervoor dat je het bericht diagonaal kunt lezen. Het is beter om een e-mail te weinig te sturen dan één te veel.

Zodra je website online staat, zorg je er best voor dat mensen makkelijk hun e-mail met jou kunnen delen om nieuws over de

---

74. Buffer is mijn favoriete tool om informatie te posten: http://bufferapp.com
75. Om te controleren wat wordt gepubliceerd en gezegd op verschillende accounts gebruik ik http://hootsuite.com.

ruimte en evenementen te ontvangen. Dit kun je makkelijk doen via een Google Docs formulier of via webformulieren van dienstverleners zoals MadMimi en MailChimp[76].

Het eerste dat je moet aanpakken wanneer je via e-mail aan marketing begint te doen, is je handtekening onderaan je mails. Telkens wanneer je een e-mail stuurt, kun je automatisch een handtekening toevoegen met je contactgegevens en links naar je website en sociale media. Je kunt er ook marketingboodschappen en banners met links aan toevoegen.

Iets anders zijn de e-mails die automatisch worden verstuurd wanneer je niet op kantoor bent, wanneer iemand het contactformulier van de website gebruikt of intekent op een evenement.

Stuur zeker een e-mail naar iemand die de ruimte is komen uitproberen en vraag hoe het was, bied je hulp aan bij het intekenen of vraag een recensie te schrijven.

Nieuwsbrieven kunnen veeleisend zijn op het vlak van inhoud. De makkelijkste manier om dit te doen, is de inhoud van je blog regelmatig door te sturen (je kunt dit zo instellen dat dit automatisch gebeurt dankzij de RSS feed). Sommige ruimtes wachten met het versturen van een nieuwsbrief tot ze bijvoorbeeld een belangrijk evenement kunnen aankondigen, en voegen dan andere informatie en evenementen toe.

---

76. MadMimi http://madmimi.com en MailChimp http://mailchimp.com zijn eenvoudig te gebruiken en bieden gratis formules aan voor grotere e-maillijsten dan diegene de meeste coworkingruimtes normaal gebruiken.

Vergeet niet dat je twee soorten publiek hebt: je leden én de mensen die interesse in je coworkingruimte hebben getoond. Niet alle informatie is altijd voor beiden bestemd.

Voor interactie met je leden zijn bulletin boards zoals Google Groups[77] erg handig. Je kunt er zelfs af en toe een interessante blogpost delen. Je stuurt hen de informatie best voor je ze openbaar maakt, maar als dat niet kan of als je het vergeten bent, gooi het dan toch maar in de openbaarheid.

ZOEKMACHINEOPTIMALISATIE (SEO)

Een van de grootste katalysatoren om nieuwe bezoekers naar je website te halen, zijn de zoekmachines Google, Bing en Yandex. Welke zoekmachine het verkeer naar je site brengt, hangt af van waar je gevestigd bent. In Europa en de VS gebeurt dit meestal via Google, en daar besteed ik ook het meeste aandacht aan.

Onthoud dat je met SEO[78] de zoekmachines probeert te helpen mensen naar je site te halen die relevante zoekopdrachten naar je pagina invoeren. SEO moet een gebruiker die een zoekmachine gebruikt zo snel mogelijk het meest relevante resultaat tonen. Denk aan jezelf wanneer je zoekt: jij wil ook dat het eerste resultaat in de lijst het juiste is en je de informatie geeft die je zocht.

---

77. Google Groups is geen mooie tool, maar werkt vrij goed: https://groups.google.com/
78. Een goed boek voor beginners in SEO is volgens specialist Aleyda Solis:
http://moz.com/beginners-guide-to-seo
http://www.quicksprout.com/the-advanced-guide-to-seo/
http://www.allseoguidelines.com/
http://blog.woorank.com/2014/01/seo-process-success/

Knoop in je oren dat je relevant moet zijn voor de eindgebruikers. Stel je in hun plaats en gebruik hun taal (ja, hun taal en woorden – niet de jouwe). Hoe dichter je aanleunt bij wat ze precies zoeken, hoe groter de kans op de eerste plaats in de resultatenlijst.

Relevantie geldt voor de geringste informatie. Waar je ook een woord moet gebruiken (link, titel van een post en filmpje, teksten of namen van afbeeldingen en bestanden), gebruik de woorden die de lading het best dekken en zet het belangrijkste woord eerst en exact zoals je ze in het zoekvenster zou invoeren. Zorg ervoor dat je niet als een machine klinkt en vermijd onbegrijpelijke zaken, zeker voor je titels en tekst. Je moet aanlokkelijk en interessant genoeg lijken om mensen te doen beslissen dat je hun tijd waard bent om door te klikken en verder te lezen. Gebruik synoniemen en wees niet bang links naar anderen te plaatsen die interessant kunnen zijn.

Om de SEO van je website te verbeteren, kun je Woorank[79] gebruiken. Een gratis rapport en tips zullen je helpen je website te optimaliseren en de basisbeginselen te leren.

RECLAME

Traditionele reclame in de pers, op de radio en op tv werkt niet en is veel te duur. Je PR-werk met journalisten zal meer vruchten afwerpen. Maar zelfs dan is het rendement qua clicks en bezoekers niet zo geweldig.

---

79. Woorank is een basis SEO-tool om je website mee te analyseren: http://www.woorank.com/

Voor een betere ROI plaats je best online advertenties (meestal via Google Adwords[80]). Houd het budget wel binnen de perken. De meeste klanten komen door mond-tot-mondreclame en via evenementen.

Veel coworkingruimtes delen flyers uit op evenementen. Zet er zeker je contactgegevens en website op en probeer hen naar je ruimte te lokken met een duidelijke aansporing (zoals "Teken hier in voor een gratis testdag."). Doe zeker geen traditionele mailing met de post – te duur en te weinig gericht.

PRIJZEN

Je tarieven maken deel uit van je product. Wanneer je je ruimte en de verschillende tariefplannen aan de man wil brengen, is de manier waarop en bij wie je dat doet heel belangrijk.

Heb je maar één prijs, dan hoef je maar één tarief uit te leggen, maar dan mik je waarschijnlijk op een te beperkt doelpubliek. Heb je meerdere tariefplannen, dan kun je deze op verschillende soorten klanten afstemmen. Door de variëteit zullen klanten zich hierover wel vragen stellen wanneer ze intekenen. Als je meer dan één tarief hebt, vermeld dan altijd het duurste eerst in je gesprekken. Zo lijkt het lagere tarief nog lager. Benut het principe van sociaal bewijs op je website door het populairste tariefplan in de spotlights te zetten.

Bekijk de tarieven van andere coworkingruimtes in de buurt wanneer je je prijzen bepaalt. Voer geen prijzenoorlog, die verlies je

80. Lees meer over Google Adwords: http://www.google.com/adwords/

toch. Als er geen coworkingruimtes in de buurt zijn, bekijk dan wat een klein kantoor kost en gebruik dat als referentie.

Gratis is geen goede prijs. 'Gratis' kun je beperkt toepassen, door bijvoorbeeld een gratis testdag aan te bieden (1 dag, niet langer) of als deel van een bundel (6 maanden kopen, 1 maand gratis). Mensen hebben minder waardering voor gratis dingen. Jij helpt je coworkers aan meer klanten, dus moeten zij ook betalen voor de moeite die je doet om hen een duwtje in de rug te geven.

Bekijk de prijzen van andere coworkingruimtes en businesscentra in je buurt. Mensen moeten jou kiezen voor de waarde die je biedt. Als je een concurrerende prijs wil bieden, moet je fors goedkoper zijn. Een prijzenoorlog is echter een slecht idee: je echte concurrent is de woonst van je klanten, daar werken ze immers gratis. Een prijzenoorlog zul je verliezen.

Maak je je zorgen dat je prijs te hoog is? Hiervoor bestaan twee technieken:

- Begin altijd met de hoogste prijs, zodat alle andere tarieven significant lager lijken.
- Gebruik het Referentie-effect (*Anchoring*)[81]: link de prijs van je tariefplan aan iets duurders dat ze al kennen, zodat je prijs goedkoper lijkt wanneer je hem te berde brengt.

Steve Jobs maakte meesterlijk gebruik van deze techniek toen hij de iPad[82] lanceerde. Hij gebruikte de toenmalige prijs van laptops zodat de eindprijs van de iPad goedkoper leek.

---

81. Referentie-effect: https://nl.wikipedia.org/wiki/Referentie-effect
82. iPad anchoring door Steve Jobs: http://www.youtube.com/watch?v=QUuFbrjvTGw

De prijs van coworking kun je vergelijken met een hotelovernachting in de buurt. Kost dit 100 dollar, waarom zou je dan geen 100 dollar spenderen om verschillende dagen in een coworkingruimte te werken (wat je ook aan klanten en geld helpt, in tegenstelling tot slapen)?

Een andere manier om 'anchoring' voor de lagere prijzen te gebruiken, is de prijs per dag als referentie te gebruiken. Stel dat je voltijds tariefplan 300 euro kost voor 30 dagen per maand, dat maakt 300/30 = 10 euro per werkdag. Dit kun je op je website en je promomateriaal zetten: 'voor maar 10 euro per dag'.

Je moet genoeg verdienen om je kosten en eigen loon te dekken (winst en financiën worden in detail besproken in het financiële hoofdstuk).

VERKOOP AFSLUITEN

Aan het eind van de marketingtrechter ligt de verkoop: je potentiële klanten worden klant! Het is belangrijk dat je hier blijft aan voortwerken en je niet laat meedrijven door de plotse roem, daar krijg je geen extra coworkers door. Je hebt zelf ook veel kosten, dus sluit die verkoop af en krijg je centen!

Het verschil met andere verkopen is dat je in een business werkt met een hoog contactgehalte. Je brengt immers veel tijd door aan de zijde van je klanten. Niet iedereen heeft jouw bedrijf iets te bieden, daarom hoeft niet iedereen klant te worden (moeilijk om te zeggen wanneer je nog maar weinig klanten hebt.) Als je instinctief over iemand twijfelt en als dat niet voldoende is, probeer de zaken dan even uit zodat je intuïtie beter is getraind voor de volgende keer.

Wat de duur van het contract betreft, is de keus aan jou hoe flexibel je wil zijn en of je een minimale verbintenis eist of niet. Zorg er gewoon voor dat je het jezelf en je klanten makkelijk maakt door een lidmaatschap zonder einddatum voor te stellen. Zo kunnen ze het contract mits een maand opzeg verbreken, net zoals bij de fitness of een energieleverancier.

Niet opdringerig zijn betekent niet dat je mensen niet kan vragen in te tekenen. Roep op je website en in promoties en e-mails duidelijk op om in te tekenen. Organiseer je een gratis testdag of een opendeurdag, stuur iedereen dan een e-mail met het voorstel om in te tekenen indien ze het leuk vonden.

WORD BETAALD

Je verkoop is nog niet afgesloten omdat iemand zich heeft ingeschreven of een papier heeft ondertekend. Je moet nu immers nog je geld krijgen. Dit is misschien niet het leukste deel, maar het is wel belangrijk dat je dit niet tot iets ondraaglijks laat uitgroeien. Geldproblemen kunnen je bedrijf nekken.

Maak je leden duidelijk dat ze vóór het begin van de maand moeten betalen en stuur reminders naar de leden die aan het begin van de maand nog niet hebben betaald (je kiest uiteraard zelf de dag, maar een reminder stuur je best al op de eerste dag van de maand). Wie na het begin van de maand begint, vraag je te betalen vóór ze komen of wanneer ze in de coworkingruimte zijn. Vraag hen een betaalbewijs voor te leggen (een screenshot is niet genoeg!). Als je een systeem hebt om via creditcard af te rekenen, gebruik het dan.

Voor jou is het echter beter dat je klanten elke maand automatisch betalen. Ze kunnen dit programmeren met online banking, je kunt rechtstreeks debiteren of terugkerende online betalingen via creditcard regelen... Zorg gewoon dat je zonder reminders wordt betaald en dat je klanten minder last hebben van 'geld te moeten uitgeven'. Zo doe je hen en jezelf een plezier.

Vraag altijd een waarborg voor eventuele schade aan de ruimte en betalingsachterstand. Het is belangrijk dat je om een waarborg vraagt, omdat mensen dan meer engagement naar jou en de coworkingruimte zullen tonen, zelfs al blijven ze maar een maand. Uit ervaring weet ik dat de mensen die het meest discussiëren over de prijzen en een speciale deal onderhandelen voor hun waarborg, meestal ook problemen opleveren.

Tegen slechte betalers ben je beleefd maar duidelijk. De meeste mensen betalen niet omdat ze het vergeten zijn of omdat er een probleem was met de bank. Anderen hebben misschien financiële problemen: zit samen voor een afbetalingsplan en volg dit op zodat ze je zeker betalen. Tot slot heb je nog de profiteurs – die gooi je er best voor eens en altijd uit.

INSTRUMENTEN

Er bestaan tal van instrumenten om je het leven makkelijker te maken. Onthoud echter dat een instrument ook maar een instrument is. Je moet je publiek in de eerste plaats betekenisvol kunnen bereiken en hen onderling in contact brengen. Hier vind je een georganiseerde en geüpdatete lijst: http://www.coworkinghandbook.com/tools

Ruimte

Ook al is je community belangrijker dan de fysieke ruimte waarin je je coworkingruimte onderbrengt, de plek is zeker van belang, maar misschien niet voor de redenen die je in gedachten hebt. We worden om de oren geslagen met foto's van geweldige werkruimtes van grote bedrijven, universiteiten en overheidsdiensten wereldwijd, die ons laten geloven dat alles draait om hoe je ruimte eruit ziet. Wel, dat doet er niet toe. De locatie en de mogelijkheden winnen het ruimschoots van de looks.

Ik heb wereldwijd duizenden coworkingruimtes bezocht. Alle succesvolle ruimtes zien er anders uit, liggen in *goede* en *slechte* buurten van de stad, hebben een andere sfeer, een andere kwaliteit van meubels en decoratie, zijn verschillend ingericht... Ze hebben echter één ding gemeen: een goed gedijende community waarbij ze focussen op waardecreatie voor hun leden.

Coworkers en organisatoren van evenementen komen naar je ruimte omdat ze daar professioneel voordeel uit halen. Bied hen een goede ligging, goed internet, elektriciteit, verwarming en airco en voorzie degelijk meubilair om aan te werken en interactie op te bouwen.

Trap niet in de val van de grote bedrijven met hun geweldige foto's die kantoorruimtes aanbieden. Sommige hebben inkomsten van meer dan 1 miljoen dollar per medewerker[83], en spreken hiervoor hun HR- en marketingbudgetten aan. Zij bouwen geen coworking op. Voel je niet slecht omdat jouw ruimte niet op die van hen lijkt, jij doet immers iets anders. Je kunt er wél inspiratie opdoen[84].

---

83. Bedrijven zoals Apple, Facebook en Google hebben meer inkomsten per medewerker dan jij waarschijnlijk ooit zult behalen met je coworkingruimte: http://j.mp/1millionclub
84. Surf naar coworkinghandbook.com/coworking-space-design-inspiration en doe ideeën op voor je ruimte, meubels en inrichting.

LOCATIE

Je locatie is van levensbelang. Veel leden kiezen jouw coworking-ruimte puur voor het gemak. Niemand verliest graag zeeën van tijd in de auto of op het openbaar vervoer. Als je ruimte vlak bij hun huis ligt, zullen je coworkers makkelijker kunnen komen. Als je ruimte zich in een bedrijvig deel van de stad bevindt, zal het ook voor hun klanten en professionele contacten makkelijker zijn om hen in je coworkingruimte te ontmoeten.

Ik woon in de stad en opende er ook mijn ruimte. Mijn visie is dus gekleurd door mijn persoonlijke realiteit. De meeste organisatoren die ik ken, openden hun ruimte in de stad. Een succesvolle coworkingruimte runnen op het platteland of in een voorstad is moeilijker, maar het bestaat[85]. Onze culturen verschillen en in elke stad hebben mensen een ander idee over vervoer en woon-werkverkeer.

Onthoud dat de bevolkingsdichtheid van je stad ertoe doet: hoe dichter bevolkt, hoe meer potentiële klanten je rondom hebt. Er zal ook meer voorhanden zijn in de buurt van je coworkingruimte (zoals restaurants en banken), wat je ruimte aantrekkelijker kan maken voor leden.

Je kunt na de start nog altijd verhuizen naar een andere locatie. Maar dat is moeilijk, omslachtig en duur en misschien vinden je coworkers de nieuwe locatie maar niets en vertrekken ze. Locatie is dus echt belangrijk: het loont de moeite de juiste ruimte af te

---

85. Een goed voorbeeld van een succesvolle coworkingruimte in de voorstad is Link Coworking in Austin, Texas http://www.linkcoworking.com. Liz Elam is de oprichtster en tevens de organisator van de Coworking Conference Unconference. Zij heeft de nodige kennis en ervaring.

wachten terwijl je intussen verdertimmert aan je community. Probeer wanneer je je evenementen organiseert verschillende buurten uit in de stad en zie hoe mensen reageren.

Houd voor een goede ligging ook altijd rekening met de bereikbaarheid. Is er openbaar vervoer? Heb je aansluiting met de hele stad of enkel een deel? Is er parkeergelegenheid? Kun je er makkelijk naartoe met de auto en weer weg? Zijn er zaken die het woon-werkverkeer van je leden ernstig kunnen verstoren? Wat is er voorhanden in de buurt? Is er lawaai? Stel jezelf in de plaats van je coworkers en bedenk of je graag in deze buurt zou willen werken en waarom.

Soms vind je super goedkope kantoorruimte in buurten waar niemand naartoe wil. Als je community daar zou kunnen gedijen, ga er dan voor. Indien niet, zoek elders.

Casestudy: workINcompany en Pasen in Sevilla

De workINcompany (WIC) ligt in hartje Sevilla – een prachtige, traditionele oude stad met heel wat smalle steegjes en voetgangerszones. Deze plek bruist van 's ochtends tot 's avonds laat, en dat is een voordeel. Alles gebeurt in de stad en als een groot bedrijf een representatief kantoor wil, is het stadscentrum de beste optie.

Het grootste probleem is dat de locatie moeilijk toegankelijk is met de auto. Er rijden heel wat bussen, maar sommige zones kun je alleen te voet bereiken. Om het nog ingewikkelder te maken, vindt er in Sevilla elk jaar een religieus evenement plaats dat de stad rond Pasen ten minste een volledige week blokkeert.

Jaime en Alberto deden een enquête die aantoonde dat een centrale ligging niet de belangrijkste optie was. Toch moesten ze de workINcompany in het stadscentrum onderbrengen.

Waarom? Een coworkingruimte is geen gewone kantoorruimte. Activiteiten zoals workshops en evenementen vinden vaak na de kantooruren plaats. Het succes hiervan ligt aan de inhoud, de community en wat voor en na het evenement gebeurt.

Sinds ze hun intrek namen in het centrum, merkten ze hoe andere initiatieven buiten het stadscentrum snel in de vergetelheid raakten, terwijl de evenementen van de workINcompany steeds populairder werden omdat mensen de dingen er makkelijk met andere persoonlijke en professionele activiteiten konden combineren.

GROOTTE

De grootte doet er wel degelijk toe. Ze heeft een impact op de financiële houdbaarheid van je bedrijf en op het soort diensten dat je aanbiedt (evenementen, vergaderruimte, gemeenschappelijke lunchruimte enz.). Je hebt geen grote ruimte nodig om een rendabel bedrijf te runnen, maar een te kleine oppervlakte maakt het moeilijk (of onmogelijk) om genoeg leden te hebben en om jezelf een degelijk salaris uit te keren nadat al je kosten zijn betaald.

De prijs die je per vierkante meter of voet betaalt, heeft een grotere impact als je de ruimte uitbreidt. Een kost (taks, elektriciteit, meubilair...) vermenigvuldigen met 3000 of 1500 levert niet hetzelfde resultaat op. Denk hieraan wanneer je je berekeningen maakt.

Hoeveel ruimte neemt één persoon in beslag?

Er bestaat geen pasklare regel om te bepalen hoeveel ruimte je per persoon nodig hebt. Je moet rekening houden met de gemeenschappelijke delen (keuken, lunchruimte, vergaderzalen, toiletten, gangen). En ook het soort meubilair en de inrichting van de ruimte hebben een impact.

Dit is een basisberekening voor een werkplek met minimale afmetingen en een standaardbureau[86]:

		$1 m^2 = 10.7639 ft^2$
Doorsnee bureau	0,75 m² x 1,25 m²	0,93 m² [10,09 ft²]
Minimale gang	0,80 m² x 1,25 m²	1,00 m² [10,76 ft²]
Minimale opberg-ruimte	0,30 m² x 0,50 m²	0,15 m² [1,61 ft²]
Totaal		2,08 m² [22,46 ft²]

Als je al meubilair op het oog hebt, gebruik de afmetingen ervan dan in je berekening. Deze berekening houdt geen rekening met alle andere gedeelde ruimtes, maar is een goede maatstaf wanneer je begint na te denken over het gebruik van je ruimte.

---

86. Alle berekeningen zijn volgens het metriek stelsel (meter) maar zijn in het imperiale systeem (voet) uitgedrukt voor de totalen:

Minimale ruimte berekenen

In dit deel schets ik de minimale afmetingen voor drie verschillende ruimtes: tot 20, 40 en 60 bureaus (zonder een specifieke ruimte voor evenementen, dat wordt hierna besproken). Dit zijn aanbevelingen voor minimale afmetingen, het kan dus wat krap worden. Pas deze aan je ruimte aan en de ervaring die je wil creëren. Voor deze berekeningen baseerden we ons op een heel normaal ingedeelde ruimte (een vierkant), wat heel efficiënt is. We maken gebruik van kleine vergaderruimtes omdat die het vaakst worden gebruikt (2-3 mensen). Als je een hele grote vergaderruimte hebt, voeg dan een verwijderbare scheiding toe zodat je er twee of meer vergaderruimtes van kunt maken.

Industriële ruimtes en moderne kantoorgebouwen hebben vaak een meer open ruimte, terwijl oudere gebouwen met een traditionele architectuur vaker klassieke ruimtes hebben – met kleinere kantoren en meer scheidingsmuren (en veel verloren ruimte door muren en gangen). Denk hieraan wanneer je de mogelijkheden van de ruimte en de mogelijke ROI evalueert. Onthoud dat deze berekeningen géén rekening houden met ruimte voor evenementen (dat wordt hierna besproken).

20 bureaus		$1 m^2 = 10.7639 ft^2$
Vergaderruimtes	2 x 10 m²	20 m² [215,27 ft²]
Toiletten	2 x 3 m²	6 m² [64,58 ft²]
Basiskeuken		6 m² [64,58ft²]
Lunchruimte		9,6 m² [103,33 ft²]
Gemeenschappelijke ruimtes	1,5 m² x 20 bureaus	30 m² [322,91 ft²]
Technische onderdelen		2 m² [21,52 ft²]
Opslagruimte		2 m² [21,52 ft²]
Bureaus voor de coworkers	20 bureaus x 2,08 m²	41,60 m² [447,77 ft²]
Totaal		117,20 m² [1261,52 ft²]

40 bureaus		1 m² = 10.7639 ft²
Vergader-ruimtes	3 x 10 m²	30 m² [322,91 ft²]
Toiletten	2 x 4 m²	8 m² [86,11 ft²]
Basiskeuken		8 m² [86,11 ft²]
Lunchruimte		16 m² [172,22 ft²]
Gemeenschappelijke ruimtes	1,8 m² x 40 bureaus	72 m² [775 ft²]
Technische onderdelen		3 m² [32,29 ft²]
Opslagruimte		4 m² [43,05 ft²]
Bureaus voor de coworkers	40 bureaus x 2,08 m²	83,20 m² [895,55 ft²]
Totaal		224,20 m² [2413,26 ft²]

60 bureaus		$1 m^2 = 10.7639 ft^2$
Vergaderruim-tes	5 x 10 m²	50 m² [538,19 ft²]
Toiletten	2 x 6 m²	12 m² [129,16 ft²]
Basiskeuken		20 m² [215,27 ft²]
Lunchruimte		22,4 m² [241,11 ft²]
Gemeenschap-pelijke ruimtes	2 m² x 60 bureaus	120 m² [1291,66 ft²]
Technische onderdelen		4 m² [43,05 ft²]
Opslagruimte		8 m² [86,11 ft²]
Bureaus voor de coworkers	60 bureaus x 2,08 m²	124,80 m² [1343,33 ft²]
Totaal		361,20 m² [3887,92 ft²]

Afmeting van de ruimte voor evenementen

Voorzie indien mogelijk ook ruimte voor evenementen (conferenties, meet-ups, cursussen enz.). Als dat niet kan, probeer dan de ruimte te gebruiken die je al hebt (gebruik bijvoorbeeld de lunchruimte of zet de tafels in de coworkingruimte aan de kant). Je kunt bijvoorbeeld 50 m² (538.2 ft²) toevoegen voor een evenementenruimte voor 40 mensen of 100 m² (1076.4 ft²) voor een evenementenruimte voor 80 mensen (met rijen stoelen parallel met de langste muur waar je de presentaties op projecteert).

INDELING VAN DE RUIMTE

Naast alle cijfers en getallen moet je bij het zoeken naar een ruimte ook rekening houden met tal van andere dingen om je coworkingruimte haalbaar te maken: het moet een omgeving zijn waar klanten zich productief en op hun gemak voelen. Je moet ook beslissen hoe je de ruimte gaat indelen en hierbij de noden van je leden en de gangbare afmetingen in het oog houden.

Het is normaal dat je praat over het aantal mensen in je ruimte, het rendement per bureau, koffiemachines, printers, vergaderruimtes... Maar ken je de oppervlakte en de indeling van je ruimte? Weet je welke meubels en uitrusting je nodig hebt voor die ruimte en de opstelling ervan? Kun je je community dragen en geld slaan uit de bijzondere decoratieve inrichting?

De look is belangrijk, maar functionaliteit en comfort zijn nog belangrijker voor je leden. Ze komen niet voor de kleur op je muren, maar komen om te werken en hun business te doen draaien.

Je werkt best samen met een (binnenhuis)architect voor je project, ook al heb je nog geen ruimte. Het aantal bureaus en de verspreiding ervan over de ruimte, de afmetingen en de vorm van de zalen en het akoestische aspect hebben een rechtstreekse impact op je bedrijf. Houd dit dus voor ogen wanneer je de verschillende opstellingen bespreekt. Als je serieuze verbouwingen moet doen in je ruimte, moet je waarschijnlijk samenwerken met een (binnenhuis)architect of een gespecialiseerde firma aanspreken. Het is echter beter als je geen grote werken hoeft te doen.

Je kunt de ruimte ook zelf ontwerpen[87]. Voor het ontwerpgedeelte moet je niet al te technisch onderlegd zijn, maar dat moet je wel zijn als je muren begint af te breken en aan de loodgieterij begint te sleutelen bijvoorbeeld. Er bestaan heel wat apps die je kunnen helpen met het ontwerp en de indeling van de ruimte[88] (meestal wel op woningen gericht). Pen, papier en plakband zijn echter veel eenvoudiger[89]. Maak een lijst van de ruimtes die je wil en maak een ruwe schets van het grondplan (of druk het af als je dit van de eigenaar of het immokantoor kunt krijgen). Als je je ruimte al hebt, kun je de muren, meubels en verschillende ruimtes met afplakband markeren.

Je ruimte ontwerpen is een geweldige kans om je community en je leden meer bij de ruimte te betrekken en hen meer te hechten. Je bouwt samen met hen aan een ervaring en een mooi verhaal om samen te delen. Ze zullen ook meer *ownership* voelen voor je ruimte.

Als je echt renovatiewerken moet doen, zorg er dan voor dat je dit samen met de eigenaar en de plaatselijke overheid kunt doen en controleer welke vergunningen je nodig hebt en wat je verplicht bent te doen.

Coworking is meer dan een bureau... hoewel het er vol van staat! Mensen hebben plaats nodig voor hun computer, mobiele telefoon, papieren... en liefst meer plaats dan de minimale afmetingen.

---

87. Toen ik de Betacowork opende, viel er weinig te kiezen: alles was al gebouwd en het meubilair was al gekozen door de eigenaars van het gebouw.
88. Op de site van Het Coworking Handboek vind je ook een lijst met instrumenten waar je zelf je favoriete tools kunt voorstellen: http://www. coworkinghandbook.com/tools
89. Vind interessante boeken en websites in de literatuurlijst http://coworkinghandbook.com/readings

Hier doen bureaus, tafels en een bar hun intrede. Verdeel deze horizontale vlakken over de plaatsen waar je mensen aan het werk wil zetten. Coworkers zullen op elke beschikbare plaats gaan zitten. Meubels nemen plaats in, mensen ook. Dit zijn geweldige instrumenten om te bepalen hoeveel ruimte alles inneemt:

- IKEA catalogus[90]
- Neufert Architect's data[91]
- Make Space book[92]
- Sketchup software[93]

Je wordt er geen professional door, maar je zult er veel inzicht mee verwerven en vooral, het zal je helpen je coworkingruimte te kiezen en beter in te richten.

Als je je houdt aan een flexibele opstelling met verplaatsbaar meubilair (wieltjes en stapelbare stoelen maken je het leven makkelijker) en scheidingswanden (witte panelen op wieltjes bijvoorbeeld), kun je je ruimte makkelijk aanpassen aan je noden. Ruimtes met één mogelijk gebruik zijn een verspilling van geld en ruimte als ze vaak leeg staan. Probeer de ruimtes geschikt te

---

90. Heel wat voorstellen met makkelijk en trendy meubilair, worden bovendien permanent bijgewerkt: http://www.ikea.com
91. Een klassiek architectenhandboek waar je standaardopstellingen, schema's en indelingen kunt bekijken met alle afmetingen bij. Lees en download de derde editie hier: https://archive.org/details/Architectural_Standard_Ernst_Peter_Neufert_Architects_Data. Of koop de laatste nieuwe editie hier: http://www.amazon.com/Neufert-Architects-Data-Fourth-Edition/dp/1405192534 .
92. Het Standford design lab boek voor ruimte en creativiteit: http://dschool.stanford.edu/makespace/
93. Sketchup is een populair en gebruiksvriendelijk programma voor 3D-modellering. Download hier de gratis versie: http://www.sketchup.com/products/sketchup-make

maken voor meervoudig gebruik en bedenk hoe je ze op verschillende tijdstippen van de dag of de week zou kunnen benutten.

Er zijn vier hoofdaspecten die je tijdens het ontwerp van je ruimte in het achterhoofd moet houden:

- Gebruik
- Comfort
- Gezelligheid
- Privacy

Gebruik

Hoe je de verschillende aspecten zult benutten, zal zich vertalen in verschillende soorten meubels die inspelen op de noden van de coworkers.

Coworking

Je ruimte zal vooral voor coworking zelf worden gebruikt. De belangrijkste meubels zijn de stoelen: coworkers spenderen er dagelijks uren in. Je wil dat ze comfortabel zitten, zonder rugpijn[94]. Je hoeft geen vreselijk duur materiaal aan te schaffen, maar koop op z'n minst de beste stoelen die je budget toelaat. Als je niet weet welke stoelen te kopen, vraag dan of je een paar modellen kunt uittesten en informeer bij mensen die je kent over de kwaliteit van de stoelen die ze gebruiken. Dit is ook een geweldige kans om je coworkers te betrekken bij een nieuwe ervaring en leuk nieuws te delen.

---

94. Met deze oefeningen voorkom je rugpijn: http://exercises4back.com/

Tafels zijn gewoon oppervlakken die computers en andere kostbare dingen van de grond houden. Ze zijn dan ook minder belangrijk dan stoelen. Zorg ervoor dat de stekkerdozen en ethernetaansluitingen op tafel liggen en dus makkelijk toegankelijk zijn voor de coworkers. Let op de positie van de tafelpoten: die kunnen roet in het eten gooien wanneer mensen stoelen willen toevoegen om samen te zitten. Je kunt lange tafels gebruiken waaraan verschillende coworkers zitten of aparte tafels. Aan een tafel van 4,5 m lang (14.8 ft) kunnen makkelijk vier mensen aan één kant zitten. Deze heeft meestal minder poten dan aparte tafels die worden samengezet (hebben vaak poten in het midden van de tafel, niet aan de kanten).

Lockers worden niet zo vaak gebruikt. Enkel een fractie van je leden zal erom vragen, en soms dienen ze gewoon om hun koffiekop in op te bergen. Je kunt zonder lockers beginnen en als je er koopt, koop er dan een paar en zie wat het geeft. Dit zijn zo van die dingen waarvan iedereen zegt dat je ze moet hebben, maar bijna niemand zal ze gebruiken.

Als er ooit te veel leden tegelijk naar je ruimte komen, maak er dan een feestje van! Je kunt een buitengewone gebeurtenis als deze altijd oplossen door je lege vergaderzalen of de ruimte voor evenementen en je lunchruimte te gebruiken. Als dit vaak gebeurt, heb je misschien een probleem als dit je leden stoort. Tijd voor uitbreiding!

Vergaderen

Je ruimte voor vergaderingen en evenementen vormt vaak de tweede bron van inkomsten van je coworkingruimte, en evenementen zijn één van je belangrijkste marketingtools. Je hebt een ruimte nodig waar je coworkers hun eigen klanten kunnen ontvangen en privégesprekken kunnen voeren.

Het gebruik van de vergaderruimte varieert gewoonlijk van een eenzaam gesprek op Skype tot een grote conferentie. Afhankelijk van het type vergadering heb je een andere inrichting nodig. Kleine vergaderingen (2-8 mensen) kun je in een ruimte van 9 tot 12 m² (97 tot 129 ft²) houden. De meeste vergaderingen vinden plaats tussen 2-3 mensen.

De meubels voor vergaderingen en evenementen kies je in functie van je stijl en het comfort dat je wil bieden (mensen zitten niet zoveel uren in een vergaderruimte als aan hun bureau, de stoelen mogen dus iets minder comfortabel zijn). Als je je ruimte ook voor andere activiteiten wil gebruiken, bedenk dan hoe je de bureaus, stoelen, witte panelen enz. gaat verplaatsen. Schuif een paar bureaus tegen elkaar en je hebt al de perfecte vergadertafel.

Je coworkers of externe klanten zullen soms cursussen organiseren. Het aantal deelnemers kan sterk variëren en de opstelling van de ruimte kan eveneens verschillen: sommigen willen de tafels in een U-vorm zetten, anderen in theateropstelling. Gebruik meubels die je kunt verplaatsen. Zo kun je op de meeste vereisten inspelen.

Hanteer een standaardopstelling. Als de klant iets anders wil, kan hij dit zelf doen en alles aan het einde van de meeting opnieuw op zijn plaats zetten. Je kunt hiervoor ook een extra toeslag aanrekenen. Vergeet de extra schoonmaakkosten niet: ofwel factureer je ze, ofwel doe je het zelf of bied je hen de kans zelf schoon te maken en geld te besparen als ze tenminste aan jouw schoonmaakvereisten voldoen. Als je foto's hebt van de verschillende opstellingen kun je die op de website en in je brochure zetten.

Meubels opslaan voor verschillende opstellingen wordt al snel een gedoe. Houd dit voor ogen wanneer je meubilair koopt, zodat je zeker weet dat je ze kunt opslaan. Voor gigantische evenementen kun je ook meubilair huren, maar dat is vrij duur: dit factureer je aan de klant, plus een extra vergoeding voor je werk.

Elk land en elke stad hebben verschillende veiligheidsvoorschriften: hou je hieraan. Als je hier niets van kent, raadpleeg dan een professional. Brandbeveiliging en nooduitgangen zijn heel belangrijk, niet alleen om in orde te zijn met de wetgeving maar ook om het leven van je klanten (en het jouwe) veilig te stellen.

Eten en drinken

Lunch- en koffiepauzes zijn essentieel om de banden tussen de leden van de coworking community te smeden. Eigenlijk is alles wat te maken heeft met eten en drinken belangrijk voor je coworkingruimte (en je marketing).

Dit zijn de belangrijkste voordelen:

- Coworkers ontmoeten elkaar en slaan een praatje.
- Het gevoel bij een community te horen, wordt versterkt.
- Mensen krijgen een betere band met de ruimte.
- De ruimte biedt plaats aan verschillende soorten sociale interactie.
- Via deze evenementen creëer je verschillende ervaringen en sociale kansen: kooklessen, barbecues, etentjes waarbij iedereen zelf iets meebrengt...

Dit zijn de belangrijkste nadelen:

- Het lawaai.
- Je hebt extra uitrusting nodig (koelkast, vaatwasser, micro-golfoven, fornuis enz.).
- Je moet extra schoonmaken.
- De veiligheidsrisico's (brand, verwondingen enz.).
- Kookluchtjes (soms leuk, soms niet).

Rekening houdend met de nadelen zorg je er best voor dat deze zones gescheiden zijn van het centrale gedeelte van de coworkingruimte. Zo beperk je de overlast en zullen de coworkers zich meer op hun gemak voelen omdat ze weten dat ze de anderen niet storen.

Rond voedsel ontstaan altijd interessante uitwisselingen. De coworkers of jij zelf kunnen het meebrengen, het kan ter plaatse worden bereid of worden gebracht door een cateraar... Zolang je het ergens kunt opeten, kun je er ook voordeel uithalen.

Eten vraagt tijd, en gedurende die tijd zijn de meeste coworkers ook niet aan het werk. Ze laten hun computer even voor wat hij is en delen die tijd met de andere coworkers. Ze treden in interactie en versterken hun relaties. Een familie die samen eet, blijft samen. Voorzie dus indien mogelijk een grote tafel en geef de interactie een duwtje in de rug door mensen aan elkaar voor te stellen.

In keukens en lunchruimtes kun je ook andere activiteiten organiseren zoals wijnproeverijen, kooklessen, privé-etentjes, cocooking enz. Net zoals de rest van de ruimte zijn dit ook faciliteiten. Bekijk of dit als een andere bron van inkomsten kan dienen en check de plaatselijke wetgeving.

Lawaai

Een coworkingruimte is een kantoor, geen bibliotheek. Mensen moeten praten om te kunnen werken en te socializen. Lawaai kan deel uitmaken van het comfort, maar is zo'n complex onderwerp in elke coworkingruimte dat we er een speciaal hoofdstuk aan wijden.

Jij en de coworkers zullen zelf het gepaste geluidsniveau bepalen. Ik vind dat het geluidsniveau niet boven dat van een normale kantoorsituatie mag uitstijgen. Mensen telefoneren of praten af en toe, maar ze werken vooral aan hun computer. Mensen moeten praten en telefoneren, dingen vallen op de grond, deuren gaan open en dicht, mobiele telefoons rinkelen... Dat is geen probleem.

Elke coworkingruimte kan een verschillend etiquettesysteem hebben. Sommige ruimtes zijn uiterst stil, maar de meeste zijn dat niet. Ze zullen echter ook niet vreselijk lawaaierig zijn (zolang je de coworkingruimte van de evenementen scheidt). Promoot en moedig beleefdheid onder de coworkers aan. Als iemand te luid praat, zeg dat dan. Als de coworkers de persoon in kwestie niet willen aanspreken, zullen ze bij jou als manager komen aankloppen. Je kunt ook goede praktijken aanmoedigen zoals het gebruik van hoofdtelefoons[95]: als iemand een hoofdtelefoon draagt, betekent dit dat hij niet door anderen wil worden gestoord.

Een coworkingruimte moet een productieve plek zijn waar mensen zich kunnen concentreren, maar evenmin bang moeten zijn om te praten. Bij Betacowork hadden we het omgekeerde probleem: de leden klaagden dat het te stil was (we zijn begonnen

---

95. Heel eenvoudige regels om dit te begrijpen en te volgen: http://theheadphonesrule.com De Blankspaces video moet je zeker zien om deze eenvoudige etiquette te begrijpen http://www.youtube.com/watch?v=6ymIJ6kCsew

met bibliotheekachtige zalen). Daarom schrapten we de stille zalen door mensen te zeggen dat we een kantoorruimte runnen. We moedigden mensen aan normaal te praten (niet fluisteren), begonnen zelf gesprekken in de zaal of zetten achtergrondmuziek op... Je stelt zelf het voorbeeld. We houden het flexibel, en de leden zelf hebben één van de zalen als 'stille' zaal behouden.

Als je het lawaai wil beperken, kun je witte ruis gebruiken: een geluid dat we niet kunnen identificeren en dat ons brein na een tijdje wegfiltert, waardoor gesprekken minder op de voorgrond komen[96]. Je kunt ook spelen met mensen en poreuze materialen (zoals tapijt en vilt) om geluid te absorberen[97] (glas en ander niet poreus materiaal weerkaatst het net). Je hoeft een ruimte niet hermetisch af te sluiten om het lawaai te beperken. Gebruik bijvoorbeeld scheidingswanden, planten en boekenplanken.

Deuren en muren isoleren meer. Gebruik deze voor plaatsen waaruit je geen lawaai wil, zoals vergaderruimtes en toiletten.

Bovendien moet je ook aan je buren denken als je van plan bent om luidruchtige evenementen te organiseren (zoals concerten, film, theater...). Respecteer hen. Informeer je over de plaatselijke wetgeving inzake lawaai.

---

96. De Grind Coworking in New York http://grindspaces.com/ is uitgerust met een geavanceerd witte ruissysteem. Oprichter Benjamin Grier vertelde ons tijdens de Coworking Europe Conference dat hij iets eenvoudigers zou proberen mocht hij het opnieuw doen.
97. Heb je al gemerkt hoe een lege ruimte meestal een echo heeft die mysterieus verdwijnt zodra je meubels begint te plaatsen?

Comfort

Zorg ervoor dat je coworkers zich comfortabel voelen. Iedereen heeft een andere manier van werken. Denk aan de professionals die dagelijks komen werken in je ruimte en de uiteenlopende beroepen die ze uitoefenen. Als je hen comfortabel laat werken, heeft dit uiteraard een positieve impact op je ruimte.

De meeste coworkers werken de hele dag met hun laptop aan een gewoon bureau, op een stoel. Ze zullen ook vergaderingen houden in de vergaderruimtes of de gemeenschappelijke delen. Als je een ontspanningsruimte hebt met sofa's en zitzakken, zullen sommigen hier willen werken of socializen met anderen. Hoge tafels, koffietafels en een bar zijn geweldige mogelijkheden om de 'normale' manier van werken te doorbreken, al was het maar voor eventjes.

Als je meerdere mogelijkheden voorziet, focus dan op de indeling die het meest wordt gebruikt: stoelen en bureaus waaraan je kunt werken met een laptop. Maar weinig coworkers zullen iets anders willen, en als dat zo is, zal dat maar af en toe zijn. Reserveer dus niet te veel plek in je ruimte voor een alternatieve opstelling.

Stoelen zijn meestal gelinkt aan bureaus. Stoelen zijn echter veel belangrijker voor de gezondheid van je coworkers en hun comfort wanneer ze lange dagen kloppen. Je kunt geen acht uur op rij in een slechte stoel werken. Goed zitmeubilair is zo belangrijk dat je in sommige ruimtes zelf je stoel mag meebrengen.

Wat je ook beslist, onthoud dat de coworkers urenlang aan hun stoel gekluisterd zijn. Je hoeft geen duizenden euro's te spenderen om de perfecte comfortabele stoel te vinden. Sommige goede stoelen kun je al vanaf €47 ($65) kopen. Koop evenmin dezelfde stoelen voor álle doeleinden: veel coworkingruimtes gebruiken goedkope Jeff klapstoelen van Ikea voor evenementen en in de lunchruimte. Mensen blijven hier namelijk geen uren zitten.

Het beste wat je kunt doen (in een ideale wereld toch) is de stoelen uittesten en je coworkers, vrienden en andere coworkingruimtes om feedback vragen. Je hoeft ook niet alle meubilair in één keer te kopen. Door je aankoop op te splitsen in kleinere schijven maak je ook minder prijzige fouten die je daarna makkelijker kunt rechttrekken.

Gezelligheid

Coworkers gaan ervan uit dat ze met vreemden gaan samenwerken en dat ze geregeld nieuwe mensen zullen ontmoeten. Ze kiezen echter graag naast wie ze zitten. Mensen zullen hierom vragen, teams zullen naar aansluitende bureaus zoeken, de praters zullen zich afscheuren van de rest... Als je hier niet aan gedacht had bij het inrichten van je ruimte, geen paniek, de coworkers zullen dit zelf doen.

Experimenteer met het verdelen van de bureaus over de ruimte: groepjes van 2-4-6-8 bureaus, bureaus tegen een muur, grote gedeelde tafels, kleine bureaus voor twee of ingesloten door boekenplanken...

Aangezien je best niet al je bureaus in één keer koopt, trek je ook best tijd uit om ze te testen en je coworkers hierover te bevragen (de beste enquête is de inrichting uittesten en hen laten stemmen). Als je verplaatsbaar meubilair hebt, zal dit nooit een probleem zijn. Je leden zullen je helpen de ruimte te creëren die jij wil en die zij nodig hebben. Indien niet, geen nood. Zolang ze kunnen zitten en werken, ben je op goede weg.

Privacy

Coworking gaat over een ruimte en samenwerking delen, maar betekent niet dat je een open boek moet zijn, alles moet delen en met iedereen moet samenwerken. Coworkers zijn volwassen professionals die zelfstandig werken in de coworkingruimte, maar niet alleen. Coworkers kiezen met wie ze dingen willen delen en willen samenwerken.

Bijna alle coworkingruimtes hebben een grote landschapsruimte met verschillende werkplekken (stoelen en bureaus). Mensen zitten waarschijnlijk naast elkaar. Het goede hieraan is dat, zelfs wanneer mensen lichamelijk dicht tegen elkaar zitten, de meesten zich niets aantrekken van wat ze op het scherm van de ander zien. Iedereen is immers bezig met zijn eigen werk.

Je hoeft dus geen muren te bouwen om privacy te creëren. Jij en je coworkers zullen privacy op een verschillende manier opvatten. De manier waarop verandert echter onmiddellijk door in een coworkingruimte te werken. De ervaring leert ons dat de theoretische bezwaren meestal irrelevant zijn.

Je kunt de perceptie van privacy verhogen door scheidingselementen te gebruiken zoals boekenplanken, gordijnen, afneembare panelen enz. Deze hebben allemaal een verschillende impact op wat de coworkers horen en zien.

Sommige gebruikers vinden het echt niet leuk als er niemand achter hen zit, anderen geven er niets om. Voor mensen die echt staan op hun privacy bestaan er simpele oplossingen voor het merendeel van de problemen die coworkers ervaren door de impact van hun zitplaats en privacy: ze kunnen altijd tegen een muur zitten. Als ze bezorgd zijn over zijdelingse inkijk, zitten ze best op een hoek; dat beperkt het aantal omzittenden. Als je aparte bureaus hebt in je ruimte, kunnen zij die gebruiken.

Naarmate je community zich verder ontwikkelt en het vertrouwen en de verbondenheid onder de coworkers groeit, zullen ze zich ook comfortabeler voelen over hun privacy.

Een ander belangrijk aspect van privacy is het luistervinken wanneer iemand praat (persoonlijk met iemand of aan de telefoon). De meeste coworkers maken zich echter meer zorgen over het storen van de andere leden in de zaal dan over de mogelijkheid dat iemand hen echt afluistert. Je zult zien dat de meeste mensen in je ruimte zullen leren van anderen en er een soort etiquette wordt gecreëerd: als ze zich zorgen maken over de inhoud van het gesprek en dit vertrouwelijk willen houden, zullen ze de zaal verlaten en bijvoorbeeld een lege vergaderruimte gebruiken. Als ze de anderen niet willen storen, zullen ze naar buiten gaan of gedempt praten. En als ze de stem van een coworker die heel veel telefoneert niet kunnen verdragen, zullen ze hun hoofdtelefoon gebruiken of naar een andere zaal van je ruimte verkassen.

Als je privacygerichte coworkers zich enkel zorgen maken over een veilige plek om hun documenten achter slot en grendel te bewaren, los je dit makkelijk op met een locker of afgesloten kast. Weinig coworkers zullen hiernaar vragen, aangezien ze meestal digitaal werken of hun papieren documenten in hun rugzak/tas bewaren.

Sommige coworkers, zeker van bedrijven in volle ontwikkeling, zullen door de veranderende professionele dynamiek naar een kantoor verkassen om in een omgeving te kunnen werken met meer privacy en om anderen niet te storen. Daar is niets mis mee; zij zitten in een ander stadium en hebben dus andere noden.

Voor de paranoïci: coworking is niets voor jullie! Suggereer misschien de dichtstbijzijnde bunker waar ze zich kunnen schuilhouden. Je bouwt een community op; als iedereen geïsoleerd werkt, kun je je werk niet doen en kun je geen waarde creëren voor je coworkers. Niet iedereen is geschikt om jouw klant te zijn.

MEUBILAIR

Een coworkingruimte is een levend organisme. Het gebruik en de indeling kunnen veranderen. De ruimte moet zich kunnen aanpassen aan deze veranderingen en aan de levende wezens die er zijn, coworkers genaamd. Leer van je coworkers, van hun manier van werken en wat ze nodig hebben. Denk aan hoe je zelf werkt en wat je zelf nodig hebt.

Mensen hebben meubels nodig om aan te werken. Daar ben jij verantwoordelijk voor. Blijf weg van vast meubilair (dat je niet kan verplaatsen). Gebruik verplaatsbare bureaus, stoelen, kasten, boekenplanken en ander meubilair op wieltjes dat je makkelijk kunt opbergen en opklappen. Jij en je leden zullen de ruimte willen personaliseren, zeker in het begin. Misschien moet je alle bureaus uit een zaal nemen voor een evenement of moet je een zaal visueel indelen met boekenplanken. Het is niet zo eenvoudig meubilair te vinden dat op al je eisen zal inspelen, bereid je dus voor op wat gestuntel en verplaatsingswerk. Laat je inspireren door talloze goede ideeën van andere coworking-ruimtes en community's[98].

Werken met lichte en kleine stukken zal altijd makkelijker zijn dan met enorm groot materiaal. Je ruimte zal vol bureaus staan. Scanners, printers, boeken en toerusting horen thuis in het hart van de coworkingzone. Bepaal wat voor jou en je klanten de juiste afmetingen zijn om comfortabel te werken. In het begin kun je verschillende afmetingen en hoogtes uittesten. Sommige cowor-kers werken graag al staand. Bureaus om staand aan te werken kunnen een interessant extraatje vormen voor hun gemak en jouw marketing, maar overdrijf zeker niet.

TOEGANG EN VEILIGHEID

De toegang tot de ruimte kan zo eenvoudig of ingewikkeld zijn als je wil. Sommige ruimtes geven alle leden een sleutel, andere gebruiken een code of een persoonlijke badge, nog andere laten de leden enkel binnen wanneer de organisator er is door de deur open te laten tijdens de kantooruren of door hen te laten aanbellen. Afhankelijk van je tariefsysteem kun je mensen 24/7 toegang bieden, terwijl anderen enkel tijdens de kantooruren mogen komen.

Sommige ruimtes laten hun leden prikken bij het binnen- en bui-tengaan om de gebruiksuren te controleren (via een formulier dat

---

98. Doe een zoekopdracht naar "IKEA hacking" en je zult geweldige sites vin-den, zoals deze: http://www.ikeahackers.net

ze moeten ondertekenen of een meer geavanceerd systeem dat verbonden is met de ledenbeheersoftware[99].)

Als je hiervoor geen middelen hebt en verschillende tariefplannen hanteert, heb dan vertrouwen in je leden en hou een oogje in het zeil wanneer mensen de regels stelselmatig overtreden. Spoor je leden aan het er van tevoren met jou over te hebben wanneer ze de ruimte occasioneel vaker zullen gebruiken dan waarvoor ze betalen en maak afspraken.

Bij Betacowork hebben we persoonlijke badges waarmee de leden toegang hebben tot het gebouw, de coworkingzalen en de gemeenschappelijke delen. Ze hebben echter geen toegang tot de kantoren van anderen. Wij proberen onze administratieve werklast te beperken zodat we meer tijd kunnen spenderen aan waarde creëren voor onze leden.

Wanneer je je systeem kiest, denk dan aan:

- de hoeveelheid werk en toewijding die je aan de dag moet leggen
- de regels die je de leden oplegt
- de kosten, wetgeving
- je contract
- je eigen persoonlijkheid (sommige mensen hebben meer vertrouwen dan anderen)

In het algemeen is het geen goed idee dat je de hele tijd aanwezig moet zijn in je coworkingruimte: je zult bijna geen vrije tijd hebben

99. Een open source tool zoals pfSense kan traceren wie de toestellen gebruikt waarmee verbinding wordt gemaakt met het internet (telefoons, computers en tablets): https://www.pfsense.org

als je er voor elk evenement moet zijn, dat leidt tot een burn-out. Je zult de ruimte niet kunnen verlaten voor marketingdoeleinden of om zelf vergaderingen bij te wonen. Zoek een paar mensen die je vertrouwt (bijvoorbeeld de organisatoren van het evenement) en spreek met hen af dat zij verantwoordelijk zijn voor alles.

Als de eigenaar het toegangssysteem beheert, zorg er dan voor dat jij de badges/sleutels uitdeelt en houd zorgvuldig het aantal bij. Eigenaars geven niet echt om klanten zoals jij dat doet en zullen niet snel nieuwe toegangskaarten bestellen indien nodig.

Het voordeel van deze persoonlijke codes en kaarten is dat indien iemand zijn lidmaatschap opzegt of zijn badge verliest, je deze uit het systeem kunt verwijderen. Zo kan niemand anders de ruimte ermee betreden. Het nadeel is de extra administratie en de meerkosten. Gewone sleutels zijn goedkoop te kopen en te kopiëren (iedereen kan dat, jij niet alleen).

Voor evenementen is het handig een externe veiligheidsdienst te voorzien. Je kunt hun diensten aan de organisator van het evenement factureren. Afhankelijk van je contract kun je hen zelfs de ruimte een paar keer komen laten controleren, zodat je er zeker van bent dat alle deuren op slot zijn. Zij kunnen instaan voor de beveiligingscamera's en het alarm tijdens sluitingstijd. Als je met een persoonlijke code of badge werkt, heb je waarschijnlijk een logbestand met de toegangstijdstippen van de leden. Bedenk wel dat als drie leden tegelijk binnenkomen, er maar één iemand de deur voor iedereen opendoet.

Als je ruimte 24/7 open is, wordt een alarmsysteem moeilijker, tenzij de leden het zelf aan- en uitzetten. Dit kan wel voor problemen zorgen (zoals een hogere prijs) met de verzekeringsmaatschappij.

Camera's aangesloten op het internet zijn goedkoop en handig, maar niet nodig. Aan jou de keus of je wil weten wie aanwezig is. Een kleine investering die je heel wat gemoedsrust zal bezorgen, is wanneer je de videobeelden op je mobiele telefoon kunt checken.

De algemene beveiliging van je coworkingruimte hangt dan weer af van de locatie en het voetgangersverkeer. De meeste ruimtes hebben geen of beperkte veiligheidsproblemen. Als je ruimte zich op straatniveau bevindt, kunnen mensen makkelijker binnen wandelen om te kijken welke uitrusting en rugzakken er voor het grijpen liggen, zeker in een buurt waar veel volk voorbijkomt. Als je ruimte ietwat verscholen ligt, zijn het de deelnemers aan de evenementen waar je je zorgen om moet maken. Meestal komen er dan heel wat niet-leden je ruimte binnen.

Als je coworkingruimte gescheiden is van de evenementenruimte met een deur, zullen de meeste mensen ook niet verder gaan rond-wandelen. Coworkers laten meestal geen waardevolle spullen op hun bureau liggen, behalve schermen en computers. Die kunnen ze altijd met een ketting vastmaken of ze in de lockers opbergen.

SCHOONMAKEN

Je ruimte moet schoon en professioneel zijn. Je mag dan wel een alternatieve, hippieachtige of underground look hebben, je ruimte moet wel schoon en gezond zijn. Je coworkers betalen om in een professionele ruimte te werken, zorg hier dan ook voor. Als het er vuil is, zullen sommige leden klagen, de meesten zullen echter vertrekken.

Je hebt geen extern schoonmaakbedrijf nodig, maar ik raad het wel aan. Het is niet duur en het geeft je meer tijd om te focussen op andere belangrijkere taken, zoals meer coworkers aantrekken. Kies je ervoor met een firma in zee te gaan, dan is je probleem opgelost.

Vergeet gedeelde schoonmaaktaken onder de coworkers. Je mag al blij zijn dat ze de vuile vaat in de vaatwasser stoppen. Je moet hen nog steeds trainen en hierop aandringen zodat ze de juiste gewoontes aankweken. Zo krijg je een aangenamere ruimte en heb je minder werk. Iedereen is verantwoordelijk voor zijn eigen kop, bord en keukengerei. Laat je keuken (als je er een hebt) geen stal worden. Maak de koelkast regelmatig leeg tenzij je graag nieuwe vormen van leven ontdekt. Ruim op en poets. Coworkers zijn volwassenen, de meesten zullen zich ook zo gedragen.

INTERNET

Het internet geeft ons superkrachten. Eén daarvan is dat we eender waar kunnen werken. We werken online met onze computer en een internetverbinding, waar ook ter wereld. Daarom kunnen mensen ook in een coworkingruimte werken.

Zonder een goede en stabiele internetverbinding zullen mensen niet naar je ruimte komen. Het is belangrijk dat je het beste internet aanbiedt dat je kunt krijgen voor het aantal coworkers ter plaatse. Coworkers gebruiken heel wat bandbreedte. Zorg er dus voor dat er altijd een verbinding van goede kwaliteit is. Als je internet het begeeft, zullen ze hierover beginnen te klagen (misschien op sociale media via smartphone) en andere oorden opzoeken om te werken. Iedereen heeft hier wel al eens een probleem mee gehad, maar dit mag uiteraard niet te lang duren. Een professionele internetverbinding en een extra back-uplijn bij een andere provider geven je extra speelruimte en zorgen ervoor dat je altijd verbonden blijft.

Computers met het internet verbinden gebeurt via wifi of ethernetkabels. Je moet ten minste een wifirouter toevoegen, maar deze kan maar een beperkt aantal toestellen verbinden (de meeste mensen maken zowel met hun smartphone als computer verbinding), en heeft een beperkte snelheid en kwaliteit van het wifisignaal (wanneer er verschillende toegangspunten zijn voor wifi in een bepaalde zone, verstoren ze de onderlinge verbinding, met heel wat problemen tot gevolg). Ethernetkabels bieden je coworkers een betere verbinding, maar deze kosten ook meer: je moet hardware aankopen (switches, kabels etc.) en deze installeren. Een paar korte kabels zijn niet zo duur, maar wanneer je er honderden moet kopen en leggen, moet je dit wel eerst even bekijken. Ook al heb je een goede kabelverbinding, je moet ook goede wifi voorzien. Heel wat moderne computers en smartphones hebben geen ethernetpoort (ook al is een adapter zo gekocht).

Bij het installeren van je wifi voorzie je best een apart netwerk voor je deelnemers aan je evenementen als je een grote evenementenruimte hebt. Zo voorkom je dat het werk van je leden wordt verstoord door te veel toestellen die tegelijk verbinding willen maken. Veel coworkingruimtes gebruiken gewone wifi-toegangspunten, net zoals in de huiskamer. Andere gebruiken professioneler materiaal. Wat je ook installeert, je bent maar beter voorbereid op onvoorziene omstandigheden: wifi is iets moeilijker te beheren dan het klinkt. Wanneer je je toegangspunten aankoopt, loont het de moeite om apparatuur te kiezen die zowel 5 GHz als 2.4 GHz bandbreedte ondersteunt. Afhankelijk van het besturingssysteem van je computer of smartphone heb je verschillende tools ter beschikking om je internetverbinding tot stand te brengen[100].

Niemand werkt met een centrale server waarop coworkers data opslaan. Ze hebben zelf betere mogelijkheden binnen handbereik, zoals Google Drive en Dropbox. We installeren ook geen computers voor hen. Wij hebben enkele oude computers staan ingeval iemands computer crasht. Die kunnen ze dan een paar dagen gebruiken, maar daar stopt het ook. Je leden gebruiken immers liever hun eigen materiaal – zelfs al is het oud – dan het jouwe.

PRINTEN & SCANNEN

In coworkingruimtes wordt heel weinig geprint aangezien de meeste bestanden online staan. Sommige mensen moeten wel zaken afdrukken: documentatie voor hun cursussen bijvoorbeeld, projecten voor klanten, plannen enz. Sommige beroepen werken ook meer met papier dan andere (zoals advocaten en architecten).

Persoonlijk vind ik dat het niet de moeite loont een grote printer aan met printkaarten of een account per klant te kopen. Het is een te grote investering en inspanning voor iets wat uiteindelijk zelden wordt gebruikt. Bij de workINcompany druk je gratis af, bij de Betacowork stop je munten in het spaarvarkentje. Kies liefst voor zwart-witlaserprinters: deze zijn sneller, je moet minder inktcartridges kopen en je krijgt een betere prijs per pagina.

De scanner zal vaker worden gebruikt, maar een stormloop hoef je zeker niet te verwachten. Onze smartphones voldoen om een aantal

---

100. Hier vind je een selectie tools: http://coworkinghandbook.com/tools

pagina's te scannen, maar bij boekhoudkundige en administratieve taken maakt een scanner met feeder waar je een hoop papier kunt ingooien je het leven makkelijker. Het gebruik van scanners is gratis in alle coworkingruimtes die ik ken. Als je een scanner en printer in één aankoopt, bespaar je nog eens plaats ook.

KOFFIE, THEE, SNACKS

Het systeem rond koffie, thee, drankjes en snacks verschilt van ruimte tot ruimte. Sommigen bieden gratis koffie aan, anderen hebben koffiemachines met inwerpmunten, nog anderen werken met spaarvarkentjes. De meeste ruimtes rekenen een kost aan voor drankjes en snacks. Koffie die je met een traditionele koffiezet maakt, is niet duur en is een uitstekende marketingtool. Wat je ook kiest, houd je inkomsten per klant, de kosten en de hoeveelheid werk dat dit vraagt in je achterhoofd. Hoe minder je hierbij betrokken moet zijn, hoe beter.

Tenzij je een café in je coworkingruimte runt, zal dit geen significante bron van inkomsten vormen. Spendeer er dan ook niet te veel tijd aan.

Wanneer je je voorraad aanvult, neemt deze uiteraard ook plaats in. Waar sla je deze op? Hoeveel ruimte heb je hiervoor? Worden de snacks slecht wanneer je ze niet snel genoeg verkoopt? Hoeveel eenheden verbruiken coworkers per week? Eén ding moet je echter altijd in huis hebben: koffie.

Onze coworkers mogen ook hun eigen koffie, drankjes en voedsel meebrengen naar de coworkingruimte. Zolang alles netjes blijft, zijn wij gelukkig als zij dat zijn.

Coworking en financiën: hoe rendabel zijn

Eén van de meest gestelde vragen op conferenties, in artikels en tijdens gesprekken is of een coworkingruimte rendabel kan zijn. Kort gezegd is het antwoord JA, maar het hangt allemaal af van je inkomsten en uitgaven, net zoals in een ander bedrijf.

In dit hoofdstuk hebben we het over het financiële aspect van coworking. Maar net zoals voor de andere hoofdstukken van dit boek, maakt dit aspect ook deel uit van het grote geheel. De beslissingen die je neemt over welke tariefplannen je aanbiedt bijvoorbeeld, hebben een diepgaande impact op het soort community dat je zult opbouwen. Hou dit voor ogen en laat je hoofd niet op hol brengen door cijfers. En vergeet niet: er zijn altijd meerdere manieren om alles tot een goed einde te brengen.

KAN EEN COWORKINGRUIMTE RENDABEL ZIJN?

JA. Wereldwijd vind je honderden coworkingruimtes en gedeelde kantoorruimtes die genoeg inkomsten genereren om al hun kosten, marketing en medewerkers te betalen: genoeg inkomsten om te investeren in het verbeteren en herinrichten van de ruimte; om nieuwe locaties te openen en wat geld opzij te zetten voor de toekomst.

Net zoals in andere bedrijven zijn er mensen die het moeilijk krijgen tijdens de hachelijke tocht naar meer inkomsten dan kosten, waardoor sommigen er de brui aan geven. Laat je niet ontmoedigen: je bereidt je al op de best mogelijke manier voor. In dit hoofdstuk helpen we je aan de oevers van het succes te komen en daar te blijven.

MOET EEN COWORKINGRUIMTE RENDABEL ZIJN?

JA. Zonder winst is de ruimte niet duurzaam en zal ze verdwijnen. Op een bepaald moment kun je wel zo'n hoge kosten hebben dat je de ruimte enkel nog kunt opdoeken en op zoek moet naar iets nieuws. De psychologische last die je als ondernemer zult ondervinden, zal ook een punt bereiken waarop je niets meer met je business wil te maken hebben. Creëer dus optimale omstandigheden en bouw van bij het begin aan je rentabiliteit.

MAAR IK BEN EEN NON-PROFITORGANISATIE!

Een non-profitorganisatie of een organisatie zonder winstoogmerk is gewoon een entiteit die geen winst onder de vennoten verdeelt: de organisatie gebruikt elke overblijvende winst van de vorige jaren om haar activiteiten voort te zetten en ze in de toekomst uit te breiden. Het is niet omdat je organisatie niet commercieel is, dat je niet méér geld kunt verdienen dan je uitgeeft. Eigenlijk zou dit moeten: hoe meer geld je verdient, hoe meer geld je kunt uitgeven aan goede dingen.

De rechtspersoonlijkheid die je voor je ruimte gebruikt, is een ander verhaal. Als je gewoon een coworkingruimte runt en deze niet gewoon deel uitmaakt van een algemeen aanbod van een non-profitorganisatie, kies hier dan niet voor. In de meeste gevallen richt je best een vennootschap met beperkte aansprakelijkheid op. In dit formaat kun je makkelijker beslissingen nemen, eigendom overdragen, een lening krijgen enz. Op juridisch vlak werk je uiteraard best met een advocaat of notaris: in elk land is de wetgeving immers anders. Zij kennen de voor- en nadelen en de valkuilen beter voor elk van de mogelijkheden.

PLANNEN EN BERAMEN

Hoeveel research je ook doet en hoeveel ramingen, schattingen en plannen je ook maakt, je hebt geen glazen bol. Het verschil tussen een goede en slechte raming hangt af van de kwaliteit van je werk en hoe goed je weldoordachte schattingen zijn. Het zijn inderdaad weldoordachte schattingen omdat je er opzoekwerk rond hebt verricht en omdat je denkt het juiste te doen op basis van je opzoekingen. Het is echter geen geloof. Je creëert geen cultus waarbij iedereen je cijfers voor waar moet aannemen, wat de realiteit ook bewijst.

Wat echt belangrijk is, is goede informatie over je bedrijf. Zo kun je optreden om zaken te verbeteren wanneer het fout loopt. Je zult je business en sector beter van binnenuit begrijpen.

Houd je ramingen zo eenvoudig mogelijk. Als je veel details toevoegt, creëer je ook veel extra werk en kansen op fouten zonder daarvoor veel waarde terug te krijgen. Je kunt bijvoorbeeld in één en dezelfde rubriek alle kosten met betrekking tot de huur van je ruimte (energiekost, belastingen enz.) toevoegen

Noteer altijd wat je zelf als meest realistisch beschouwt. Bij twijfel kies je de hoogste kost en het laagste inkomen voor de rubriek in kwestie.

De basisgetallen verkrijg je eenvoudig door op een vel papier een paar sommen en aftrekkingen te noteren. Als je de kosten van een volledig jaar optelt, weet je hoeveel inkomsten je nodig hebt om winst te beginnen maken. Zo kun je je business snel in kaart brengen. Tel er een schatting van je maximale inkomsten bij om te weten hoeveel je zou verdienen of verliezen.

Laat je de eerste maanden niet ontmoedigen door de prestaties. Het kost tijd en moeite om het punt te bereiken waarop je investeringen zichzelf beginnen terug te betalen.

Om meer inzicht te verwerven op lange termijn stel je best een driejarig financieel plan op via een spreadsheet op je computer. Je kunt hiervoor allerhande modellen en tools gebruiken. Je stelt je spreadsheet best zelf op: zo krijg je een beter inzicht in je business. Weet je niet hoe dit moet? Download dan een voorbeeld op de website van Het Coworking Handboek[101]. Als je ervoor wil betalen, vind je makkelijk professionele hulp. Als je geen budget hebt, kun je altijd een beroep doen op vrienden of kennissen of hulp vragen aan universiteiten en openbare instellingen die ondernemerschap promoten bij jou in de buurt.

Ook al kun je op je spreadsheet je inkomsten en kosten tot in het oneindige laten uitdijen, in de realiteit is zoiets onmogelijk. Beperk je groei in functie van de grootte van je ruimte (ik bedoel hiermee: je kunt maar zoveel mensen tegelijk laten werken als het aantal stoelen dat je hebt).

BUSINESSMODEL

De term 'businessmodel' kan op verschillende dingen slaan, net zoals dat het geval is voor 'coworking'. In dit boek gebruiken we de term zoals Alexander Osterwalder en Yves Pigneur hem gebruiken voor het Business Model Generation boek en canvas[102]:

---

101. De financiële spreadsheets voor coworking en andere tools vind je op http://coworkinghandbook.com/finance
102. Meer info en downloads vind je hier: http://www.businessmodelgeneration.com. Sterk aanbevolen als je aan nieuwe businessideeën werkt.

"Een businessmodel beschrijft de grondgedachten achter hoe een organisatie waarde creëert, levert en vastlegt."

Dit klinkt misschien een beetje esoterisch, maar er zit veel wijsheid in. Eenvoudig gezegd: een businessmodel weerspiegelt de structuur van je business en houdt rekening met je klanten, producten en diensten. Het omvat de funderingen van je bedrijf en de beweegredenen erachter:

- Waardevoorstel (wat je aanbiedt);
- Wie je klanten zijn en hoe je hen bereikt;
- Bron van inkomsten en belangrijkste kosten;
- Belangrijkste middelen;
- Je partners en leveranciers.

Het is vooral van belang dat je de klant begrijpt. Wat wil hij, hoe kun je dit bieden en hoe kun je hier geld mee verdienen? Dit is allemaal van tel, maar focus je vooral op de klanten: zonder hen bestaat je bedrijf niet! Het is belangrijker je klanten uit te breiden dan je product.

Ik heb heel wat ondernemers ontmoet die alleen focussen op kosten. Dat is een zware misstap. Je kunt misschien een gratis ruimte met gratis meubilair en gratis koffie hebben, maar als je niet biedt wat mensen écht willen, zul je ook nooit een euro verdienen. Je zult je tijd verspillen en dat wil je niet. Dit betekent niet dat kosten niet belangrijk zijn. Dat zijn ze wel, maar je moet je eerst op de klant richten en dan de kosten berekenen en zien hoe je hier verbetering kunt brengen.

De manier waarop je je businessmodel definieert, heeft een impact op heel wat aspecten van je bedrijf, en niet enkel de financiële kant. Veel flexibiliteit en talloze tariefplannen vragen ook meer administratie en hebben een invloed op je marketing, de dynamiek in je ruimte enz. Je hoeft niet de hele tijd overal aan te denken, maar houd dit gewoon in je achterhoofd en test zaken uit.

Het businessmodel van coworking is niet zo ingewikkeld: ik geef het jullie nu mee. Onthoud wel dat jij zelf aan het roer staat van je bedrijf en dat jij zelf bepaalt waarop je de nadruk legt. Dit beïnvloedt de resultaten en de grondgedachten, en dus ook je acties.

Hoe meer je over business praat, hoe meer mensen je zult tegenkomen die je naar je businessmodel vragen. De meesten willen eigenlijk gewoon weten wat je bron van inkomsten is. Jij weet beter. Aan jou de keus om te beslissen of je hen wil 'opleiden', het hen op een presenteerblaadje wil aanreiken of van onderwerp wil veranderen.

Je bedrijf is zoveel meer dan alleen een businessmodel. Het belangrijkste is de uitvoering: hoe je dit model omzet in de realiteit.

Een businessmodel is geen businessplan, maar het zal je wel helpen dat plan te maken indien nodig. Beide zijn tools die je meer inzicht geven.

CANVAS VOOR EEN COWORKING BUSINESSMODEL

Dit is het businessmodel voor coworking waarbij we gebruik maken van het Businessmodel Canvas. Ik leg de nadruk op de coworking en de coworkers, zij zijn de spil. Als je je ruimte eerder op evenementen, kantoorruimte en andere vormen van business wil richten, moet je hiervoor een specifiek canvas ontwerpen.

Belangrijkste partners	Belangrijkste activiteiten	Waardevoorstel	Klantenrelaties	Klantensegmenten
• Invloedrijke personen • Serviceprovider voor internet • Eigenaar • Investeerders/bankiers	• Introductie en facilitering • Opbouwen van je community	• Professionele omgeving en netwerk • Verhoogde productiviteit • Werk-privébalans • Flexibiliteit • Kostenefficiëntie	• Facilitering & Netwerken • Community • Face to face • Online	• Freelance professionals • Ondernemers • Telewerkers
	Belangrijkste middelen • Goede internetverbinding • Professionele ruimte • Vergaderruimte		**Kanalen** • Website • Evenementen • Sociale media • E-mail • PR	
Kostenstructuur • Huur • Nutsvoorzieningen • Personeel • Marketing • Onderhoud • Juridische zaken			**Inkomstenstromen** • Coworkingplannen (flexibel of vast) • Evenementen • Vergaderruimtes	

Onthoud dat niet alle elementen dezelfde impact of hetzelfde belang hebben. Probeer de belangrijkste elementen bovenaan de lijst te plaatsen en de minst belangrijke onderaan, als een visuele reminder.

Het is best dat je voor elke bron van inkomsten die je plant een nieuw canvas maakt[103]. Zo begrijp je je klanten en hun noden beter. Download het canvas[104] en gebruik het. Je kunt beginnen door het canvas voor evenementen op te stellen. Deel het met iedereen wanneer het klaar is[105].

OPTIMALE GROOTTE

De grootte van je coworkingruimte beperkt je groeimogelijkheden. Met coworking kun je een bloeiend bedrijf runnen, maar om financieel comfortabel te zitten, heb je minstens dertig stoelen nodig. Onthoud dat je ook een paar kleine vergaderruimtes moet voorzien, en indien mogelijk een grotere ruimte voor cursussen en evenementen. Voorzie zeker een lunchruimte voor de coworkers. Dat is belangrijk voor de opbouw van je community. Deze ruimte kan ook als ontmoetingspunt dienen (lees hierover meer in de hoofdstukken over de Ruimte en Community).

Als je meer geld wil verdienen, ga dan voor een grote ruimte (op één of meerdere locaties). Voorzie ook kleinere private kantoren voor de bedrijven die uit hun voegen barsten en te groot worden

---

103. Hier vind je alternatieve ideeën voor businessmodellen: http://www. deskmag.com/en/profitable-coworking-space-business-models-189
104. Download het originele canvas met uitleg op: http://www.businessmodelgeneration.com/downloads/business_model_canvas_poster.pdf
105. Deel je businessmodel hier: http://coworkinghandbook.com/coworking-business-model-canvas

voor je coworkingruimte. Het is moeilijker nieuwe klanten te maken dan de leden te behouden die je al hebt.

BELANGRIJKE FINANCIËLE ASPECTEN

Dit is een niet exhaustieve toelichtende lijst met de belangrijkste financiële elementen waarmee je normaal gezien te maken krijgt. Het is een geweldige insteek om over je businessmodel te beginnen brainstormen. Deze elementen zullen een van de belangrijkste aspecten van je business zijn.

Onthoud dat in de businesswereld niets onherroepelijk vaststaat: onderhandel, onderhandel en onderhandel. Zelfs als dingen nadat je een contract hebt ondertekend veranderen of je niet bent waar je wil zijn, kan je altijd proberen te onderhandelen.

Break-even

Een break-even betekent dat je evenveel inkomsten als uitgaven hebt. Dit is geen doel op zich (als je niets uitgeeft en niets verdient, bereik je namelijk ook niets), maar geeft belangrijke buigpunten aan voor je business.

Je kunt een break-even op twee manieren bekijken. Er zijn twee buigpunten die je iets meer kunnen vertellen. Deze bepaal je door elke maand al je inkomsten op te tellen en daarna al je uitgaven af te trekken, en dit met de reële data van je business of met de ramingen die je hebt gemaakt. Met deze data kun je een grafiek maken waarop je de weg naar winst en verder kunt aflezen.

Er zijn twee break-evenpunten waarom je je moet bekommeren: wanneer je meer geld verdient dan je uitgeeft (wanneer je grafiek naar boven gaat). Dit betekent dat je bedrijf duurzaam wordt. En wanneer je genoeg hebt verdiend om je initiële investeringen terug te verdienen (je overschrijdt de grens die winst scheidt van verlies) en je echte nettowinst begint te boeken. Hou deze punten voor ogen en werk er zo snel mogelijk naartoe, ongeacht de moeite die het je kost.

Inkomsten en uitgaven

Inkomsten en uitgaven zijn de belangrijkste financiële indicatoren die je in het oog moet houden; in je ramingen en in de historiek van alle bedrijfsdata. Wanneer je pas begint, heb je geen datahistoriek. Elke maand bouw je echter een zekere historiek op. Daarom moet je ook je documenten bijwerken. Vergelijk de reële toestand van je bedrijf met de ramingen die je hebt gemaakt. Dit is nuttig om beter te begrijpen wat er aan de gang is, wat de impact zal zijn op de toekomst en om de nodige maatregelen te nemen wanneer dingen niet lopen zoals ze zouden moeten. Het is geen examen over jou of je voorspellingen. Niemand heeft een glazen bol en iedereen maakt weldoordachte schattingen die onderweg worden bijgestuurd.

Variabele versus vaste kosten

Het is belangrijk het verschil te kennen tussen variabele en vaste kosten en te weten dat je vaste kosten kunt omzetten in variabele kosten.

Vaste kosten zijn kosten die niet onderhevig zijn aan de verkoop en het gebruik van de ruimte. Je huur is bijvoorbeeld meestal een vaste kost; ongeacht je aantal klanten of reële gebruikers betaal je hetzelfde bedrag.

Variabele kosten zijn kosten die onderhevig zijn aan je verkoop en het gebruik van de ruimte. Je kunt bijvoorbeeld in een gebouw gevestigd zijn waar de toegang tot de evenementenruimte vergoed wordt per keer dat je ze gebruikt. Je betaalt dus enkel wanneer je een evenement organiseert.

Sommige kosten hebben vaste én variabele componenten, zoals je elektriciteits- en telefoniefacturen.

Je hebt er alle belang bij variabele kosten te hebben. Zo betaal je meer wanneer je groeit, maar minder wanneer je pas begint of nog niet veel leden hebt. Als je een coworkingruimte begint met nul klanten en elke maand huur moet betalen, loopt die kost al snel op en duurt het ook een tijdje eer je dit hebt terugverdiend. Als je je inkomsten deelt met de eigenaar om de huur te vergoeden, betaal je enkel op basis van je inkomsten en heb je een variabele huurkost.

Als je je grote uitgaven kunt omzetten in variabele kosten, zul je veel sneller winst boeken met minder risico. Dit zijn enkele manieren om vaste kosten variabel te maken:

Als je in de problemen raakt met je uitgaven, probeer er dan rond te werken met cash of alternatieve oplossingen (zoals je inkomsten delen met de eigenaar of gratis maanden huur verkrijgen). Er is geen magisch trucje, alles hangt af van je onderhandelingsvaardigheden en de goede wil van de ander.

Bouw goede relaties op met je leveranciers. Zo vergroot je de kans op een goede deal en op een eventuele heronderhandeling. Probeer belangrijke zaken niet uit te stellen (zoals wat mag en niet mag in de ruimte, het reserveren van beschikbare plaatsen enz.). Wanneer je al een contract hebt getekend, zal het veel moeilijker zijn dit te veranderen en te heronderhandelen. Laat de andere partij altijd het eerste bod doen en voel je hierdoor niet verplicht in een bepaalde prijsklasse of onder bepaalde voorwaarden te blijven. Je moet immers een voordelige deal bereiken voor jou en je business.

Belangrijkste bronnen van inkomsten en uitgaven

Inkomsten

Als je een echte coworkingruimte runt, vormt het lidgeld je belangrijkste bron van inkomsten. Uiteraard kun je ook andere inkomstenbronnen genereren[106], maar je moet wel uitmaken wat je corebusiness is en hierop focussen.

Evenementen leveren financieel voordeel op voor sommige ruimtes, maar voor de meeste zijn ze een manier om actief te zijn in hun plaatselijke community's en om de ruimte te marketten door mensen aan te trekken.

Sponsoring krijgen is heel moeilijk gezien het beperkte aantal leden in coworkingruimtes (zelfs als je er honderden hebt). Je zult wel sponsoring in een bepaalde vorm krijgen, maar niet in geld. Subsidies kunnen als sponsoring worden gezien. Het is leuk om wat extra geld te hebben, maar vaak houdt dit een hele papierberg en bepaalde beperkingen in: baseer de levensvatbaarheid van je business nooit op subsidies en schenkingen. Er bestaan ook

---

106. Dit artikel uit Deskmag bevat interessante info gebaseerd op de jaar-lijkse enquête die ze houden. De gemiddelde inkomsten door de verhuur van je ruimte voor evenementen en vergaderruimte bedraagt maar 10% van het totale inkomen van een coworkingruimte. http://www.deskmag.com/en/how-profitable-are-coworking-spaces-177

vluchtige inkomensbronnen, die snel en zonder enige waarschuwing kunnen verdwijnen, met een groot gat als resultaat.

Services vormen meestal een beperkte bron van inkomsten en een grote bron van frustratie die je leden weinig waarde biedt. Heel wat coworkingruimtes zijn op zoek naar services als een manier om meer geld te verdienen naast het normale aanbod, maar het is niet makkelijk iets te vinden dat relevant genoeg is. De meeste diensten die een coworkingruimte aanbiedt, maken deel uit van het hoofdaanbod en worden dus niet apart aangerekend. Zaken zoals e-mail forwarden, telefoonlijnen aanbieden enz. zijn dingen waardoor je leden ofwel niet zullen deelnemen aan de community (diegenen die gewoon een virtueel kantoor willen) of die je net veel werk bezorgen voor iets dat ze eigenlijk elders kunnen vinden (zoals een telefoonnummer bij een van de honderd voip-providers). Koffie, drankjes, snacks enz. kunnen gratis zijn of tegen betaling, maar zullen geen grote bron van inkomsten vormen – tenzij je een cafetaria/bar/café/restaurant opent.

Kosten

De grootste **kosten** zijn je **huur**, je **medewerkers** en de **nutsvoorzieningen**. Reken alle daarbij horende kosten: bij de huur moet je ook de onroerende voorheffing rekenen, bij de kostenpost van de medewerkers alle sociale lasten en andere belastingen, je moet ook de gedeelde kosten rekenen voor het onderhoud van het gebouw, internet enz.

Belastingen hangen sterk af van waar je gevestigd bent. De omvangrijkste belasting die je moet ophoesten wanneer je een coworkingruimte start, hangt meestal samen met de huur of de eigendom van de ruimte. Die is afhankelijk van je land, regio en stad. Zorg ervoor dat je op de hoogte bent: die goedkope huur kan heel wat duurder uitvallen dan gedacht! Informeer jezelf voor je iemand aanwerft over de belastingen en sociale zekerheidsbijdragen die je bovenop het brutoloon moet betalen.

Sommige bedrijven moeten geen belastingen betalen tot ze winst boeken, andere moeten een bepaald bedrag betalen om hun bedrijf te runnen. Informeer je en koppel dat aan je plan. Als je belasting afhangt van je winst hoop ik echt dat je snel veel belasting moet betalen (dat betekent immers dat je veel winst maakt)!

Je zult ook **juridische** en **boekhoudkundige** kosten hebben en kosten voor de oprichting van je bedrijf. Vraag professionele hulp voor de financiële en juridische aspecten als je dat kunt betalen (dit betekent minder werk en kopzorgen voor jou, en tijd om zelf op je bedrijf te focussen). Je kunt een beroep doen op een firma of een professional of hulp vragen aan een van de vele bestaande instellingen en organisaties die ondernemers wereldwijd bijstaan. Je vindt ze in je stad, regio, universiteit... Je vindt er niet alleen gebruiksklare templates, maar ook begeleiding en eventuele hulp bij de volgende stappen en de financiering. Schakel ook je vrienden en kennissen in voor advies en interessante contactpersonen.

Sommige diensten zijn gratis of bijna kosteloos. Het belangrijkste is dat je de juiste match vindt. Die vind je voornamelijk door met mensen te praten die in het verleden al met hen hebben samengewerkt. Wees recht voor de raap en vraag vlakaf naar hun tarieven. Meestal is de eerste meeting waarin je elkaar en de situatie beter leert kennen gratis. Vraag zeker referenties. Mijn notaris heeft me enorm geholpen bij het begrijpen van de verschillende juridische structuren in België en de voor- en nadelen ervan. Zijn advies maakte deel uit van de oprichting van mijn bedrijf, het was dus geen extra kost.

PRIJZEN EN COWORKINGPLANNEN

Wanneer je je aanbod en verschillende tariefplannen opstelt, heb je twee basismodellen:

- **Enkelvoudig plan:** alle leden betalen hetzelfde tarief, ongeacht het gebruik dat ze van de ruimte maken. Dit vermindert je administratie maar ook het aantal mensen dat je community zal vervoegen. Je aanbod is misschien niet wat ze zoeken.
- **Meervoudige plannen:** de leden kiezen een tariefplan op basis van het gebruik dat ze van de ruimte zullen maken. Dit is meestal gebaseerd op het aantal uren dat ze de ruimte mogen gebruiken en of ze een specifieke plek krijgen toegewezen of niet. Dit kan meer inkomsten en een grotere community opleveren, maar ook meer administratie.

Last but not least moet je kiezen tussen vaste en flexibele plaatsen; een bron van discussie tussen heel wat managers van coworkingruimtes.

VASTE VERSUS FLEXIBELE PLAATSEN

De keuze tussen vaste en flexibele plaatsen of een mix van beide heeft een grote impact op je financieel model (en op je community, workload, marketing enz.). Een goede manier om dit te visualiseren, is om het te vergelijken met parkeren in de stad. Wanneer je een gereserveerde parkeerplek hebt voor je huis of op je werk, is dit geweldig omdat je er te allen tijde kunt staan. Het probleem is echter dat niemand anders er kan parkeren, zelfs al staat je auto er niet. Als je er niet bent, is de plaats dus meestal leeg. Als iemand anders er parkeert, betekent dit vaak overlast en slechte vibes voor jou en hen.

Als je in plaats daarvan parkeert waar iedereen dat mag, dan kan iemand anders zodra jij weg bent daar parkeren. Daardoor wordt de plek efficiënter gebruikt en kunnen er meer mensen gebruik van maken. Het nadeel voor jou is dat je soms rondjes moet rijden om een plek te vinden (als dit het geval is voor je coworkingruimte, gefeliciteerd!).

Wanneer je denkt aan hoe je de beschikbare plaatsen zult gebruiken, bedenk dan dat je met flexibele plaatsen meer geld per stoel kunt verdienen. Om je inkomsten te berekenen, maak je gewoon een schatting van je voltijdse equivalenten (VTE). Dit is een voorbeeld met flexibel lidmaatschap:

- 1 dag per week: elk nieuw lid telt voor 0,2 VTE (5 dagen per week voor 1 post).
- Halftijds: elk lid telt voor 0,5 VTE (helft van een volledig lid).
- Voltijdse leden (vaste of flexibele plaats): elk lid telt voor 1 VTE.

Als je de verschillende tariefplannen bekijkt, zie je het totale bedrag per stoel dat je potentieel op volle capaciteit kunt verdienen:

	Prijs	Personen per VTE/stoel	Totaal (Prijs x VTE)
1 dag per week	80	5	400
Halftijds	130	2	260
Voltijds	225	1	225

Stel nu dat je een ruimte beheert met dertig posten. Dan zou dit elke maand het volgende kunnen opleveren:

Prijs	% stoelen	Aantal stoelen	Personen per VTEI stoel	Mensen	Totaal (Prijs x stoelen X VTE)
1 dag per week	80	60%	18	5	90	7200
Half-tijds	130	25%	7.5	2	15	1950
Vol-tijds	225	15%	4.5	1	4.5	1012.5
Totaal			30		109.5	10162.5

Indien allemaal vaste plaatsen:

	Prijs	% van de stoelen	# stoelen	Personen per VTE/ stoel	Totaal (Prijs x stoelen x VTE)
Vaste plaats	225	100%	30	1	6750

Ruim 3000 geldelijk verschil (in $, € of een andere munteenheid), plus een community van 109 mensen versus 30 mensen. Om hetzelfde bedrag te verdienen met de optie 'vaste plaatsen', zou je 338,75 moeten aanrekenen, een groot verschil dus.

Speel met de prijzen die je in gedachten hebt, het aantal stoelen en de munteenheid. Zo krijg je een beter idee van de mogelijkheden van je ruimte. Dit is jouw beslissing. Je kunt je formules altijd veranderen op basis van hoe de zaken lopen.

Je hebt waarschijnlijk gemerkt dat ik 'volle capaciteit' heb gezegd voor deze voorbeelden. Wanneer je pas begint en nog niet genoeg leden hebt, dan wil je zoveel mogelijk coworkers aantrekken, ongeacht het tariefplan van hun keuze. Wanneer de zaken vlotter lopen, heb je er alle financieel belang bij zoveel mogelijk flexibele leden te hebben, zo sla je meer geld uit één stoel. Je zult ervan versteld staan (of niet als je ooit al lid bent geweest van een fitness), maar met flexibele plannen gebruiken de meeste mensen niet alle toegestane uren op per maand. Dit betekent dat je meer dan één theoretische persoon (VTE) per stoel hebt, wat in het bijzonder het geval is voor de voltijdse flexibele leden. Dit is goed nieuws: je hebt een grotere community en verdient meer geld.

Je kunt de plannen die je de coworkers aanbiedt beïnvloeden door verschillende prijzen te hanteren, de beschikbaarheid te beperken, leden aan te moedigen over te stappen naar een ander plan enz. Als je een hoger tarief vraagt voor een vaste plaats, maak het dan hoog genoeg zodat het een significante verandering inhoudt. Hoe groter het prijsverschil, hoe minder mensen deze optie zullen kiezen, tenzij ze er echt waarde in zien. Tot slot zul je merken dat sommige leden het duurste plan zullen kiezen, enkel en alleen omdat het het duurste is. Zorg ervoor dat het meer waarde biedt voor hen en voor jou.

BETAAL JEZELF

Jij en je partners – als je die hebt – moeten ook betaald worden. Je moet genoeg verdienen om deze job met vrijheid en blijheid te blijven doen. Wanneer je pas begint, kun je jezelf misschien geen loon betalen of heb je achterstallige betalingen, maar op termijn moet je er je brood mee kunnen verdienen. Vergeet je salaris niet te kwantificeren en het op te nemen in je financiële planning.

MARKETING

Over marketing heb ik het in een apart hoofdstuk. Hier bekijken we de belangrijkste financiële implicaties van marketing.

Zonder marketing heb je geen verkoop, en dus geen inkomsten. Marketing is veel belangrijker dan hoe je ruimte eruit ziet, welk meubilair je gebruikt enz. Onderschat marketing niet, de meeste ondernemers doen dit echter wel. Als je van nul begint (je hebt geen uitgebreid netwerk, geen leads, geen merk...) zul je vele uren, veel moeite en waarschijnlijk ook geld aan marketing spenderen.

Gratis marketing bestaat niet. Inspanningen doen op het vlak van marketing betekent dat je middelen moet inzetten – of dat nu geld, tijd, energie of gemiste kansen zijn (net omdat je bezig bent met marketing, kun je niet met iets ander bezig zijn). De tool kan gratis zijn (Twitter of e-mail bijvoorbeeld), maar de middelen die je inzet, zijn dat niet. Hou hier rekening mee, want als je veel tijd aan marketing besteedt, moet je misschien iemand aanwerven om de rest van het werk te doen. En dat voel je natuurlijk ook in je portemonnee.

Twitter, Facebook en e-mail mogen dan wel gratis zijn, maar als je via deze kanalen reclame wil maken, professionele tools wil gebruiken en de juiste knowhow omtrent het gebruik wil verwerven, moet je met geld over de brug komen. Je kunt veel uitgeven aan reclame en tools met een beperkt resultaat, of net weinig spenderen en betere resultaten boeken. Als je de knowhow niet hebt, moet je erin investeren of iemand aanwerven die bedreven is in marketing.

CASH IS KEIZER

Het gezegde *cash is koning* is eigenlijk een understatement. Als je bedrijf het goed doet op papier maar geen geld op de rekening heeft staan, val je af.

Krijg zo snel en consistent mogelijk betaald als je kan. Jaag je geld na, laat je facturen niet onder het stof liggen. Je hoeft niet brutaal te zijn, maar stuur reminders en spreek mensen aan wanneer ze niet op tijd betalen. Zorg ervoor dat je coworkers van tevoren betalen en vraag een waarborg ingeval de zaken fout lopen of de leden schade aanrichten. Voor evenementen vraag je een bevestigingsvergoeding (bedrag om een reservering te bevestigen) en vraag je de rest van het bedrag vlak voor aanvang van het evenement te betalen.

Anticipeer zodat je speling hebt indien er problemen zijn. Banken zullen meer geneigd zijn je krediet te verlenen wanneer er geld op je rekening staat: vraag dus een lening wanneer je geld hebt. Een goede relatie met de directeur en het personeel van je bank helpt ook. Een kredietlijn hebben betekent dat je meer tijd hebt maar ook meer geld verschuldigd bent. Neem dit serieus en pak je schulden of geldproblemen meteen aan.

FINANCIËLE DOCUMENTEN

Afhankelijk van het land waar je gevestigd bent en van het feit of je geld aan banken of investeerders vraagt, ben je meestal niet verplicht formele financiële documenten te gebruiken. Doe je dat wel, dan zijn dit de meest gebruikte financiële documenten:

- **Baten & lasten | Staat van inkomsten | Staat van ontvangsten | Resultatenrekening | Jaarrekening | Winst- en verliesrekening | Exploitatierekening:** heel wat verschillende namen voor een document dat je inkomsten en uitgaven weergeeft over een bepaalde periode (meestal een jaar).

- **Kasstroomoverzicht:** inkomsten van je bedrijf (die je betaald krijgt) en uitgaven (die jij betaalt). Wordt opgemaakt voor een jaar en het resultaat geeft aan hoeveel geld je meer of minder op je rekening hebt staan voor dat jaar. Hou je geld altijd in het oog.

- **Balans:** een overzicht van de financiële balans van je bedrijf. Werpt een zicht op de financiële toestand van je bedrijf op een bepaald moment. Heeft betrekking op activa, passiva en de verdeling van de eigendom (aandelen) van het bedrijf. Bepaalt de netto activa van je bedrijf op dat moment.

FINANCIEEL JARGON

Wanneer je je verdiept in je financiën en je financiële documenten bekijkt, kom je heel wat termen tegen die ingewikkeld klinken, maar het niet zijn. Dit zijn er een paar:

- **Activa:** dingen die van jou zijn en die je in geld kunt omzetten. Geld is ook een activum.

- **Saldo:** het lijntje helemaal onderaan je financieel overzicht dat bevestigt of je geld verdient (zwart) of verliest (rood).

- **EBITDA:** winst voor rente, belastingen, afschrijvingen en amortisatie. Dus eigenlijk je netto-inkomen. Geeft je een idee van de huidige operationele rentabiliteit van je bedrijf.

- **Eigen vermogen:** het percentage eigendom dat je zelf hebt in je bedrijf. Je kunt dit in cash omzetten als je verkoopt en wanneer bepaalde verdiensten onder de eigenaars worden verdeeld. Maar als het bedrijf failliet gaat, zul jij de laatste zijn die betaald wordt als er nog iets overschiet.

- **Brutowinst/Verlies:** het verschil tussen je inkomsten en wat het je kost om je product te maken of de dienst te leveren die dat inkomen hebben gegenereerd (gekend als Verkoopkostprijs).

- **Passiva:** wat je verschuldigd bent. Kan geld of een andere verplichting zijn die zich in een significante kost kan vertalen (zoals het verlenen van diensten). Wordt ook gebruikt om aan te geven dat je verantwoordelijk bent voor iets.

- **Liquiditeit:** geld is het meest liquide activum. Hoe meer geld je hebt of hoe meer zaken die makkelijk voor geld kunnen worden verhandeld, hoe meer liquiditeit.

- **Netto-inkomen/Winst/Verlies:** je saldo. Al je inkomsten min alle uitgaven, met inbegrip van belastingen, afschrijvingen en amortisatie.

- **Netto contante waarde:** een dollar (euro, yen of andere munteenheid) is vandaag niet hetzelfde waard als een dollar gespreid over een jaar omwille van de inflatie: je kunt minder kopen met hetzelfde geld. Dit is de tijdswaarde van geld. De netto contante waarde wordt gebruikt om de prestaties van je bedrijf over de tijd te berekenen, waarbij rekening wordt gehouden met het waardeverlies van je munteenheid. Via magische formules krijg je dan de totale waarde van je investeringen in de huidige waarde van je munteenheid, rekening houdende met het feit dat je inkomsten en uitgaven van morgen een beetje minder waard zullen zijn dan die van vandaag.

- **Werkkapitaal:** het geld dat je nodig hebt om je bedrijf draaiende te houden terwijl je verplichte betalingen aan leveranciers, medewerkers enz. overmaakt.

NEEM EEN BOEKHOUDER

Als je een fan bent van boekhouden en er kaas van gegeten hebt, doe het dan zelf. Indien niet, neem dan een boekhouder en focus op de uitbreiding van je bedrijf. Zij kennen de wetgeving en kennen hun werk. Laat het administratieve werk dat geen waarde aan je business toevoegt aan hen over en hou je zelf bezig met leden en inkomsten werven.

Zelfs als je een beroep doet op een boekhouder, leer dan van hem of ga te rade op Wikipedia, bij scholen of andere bronnen. Dit zal je aan meer inzicht helpen en sneller doen begrijpen wat er allemaal bij komt kijken.

Wetgeving: Coworking en de wet

Door de verschillen in wetgeving tussen de verschillende landen kunnen we niet in detail treden over dit thema. Ik kan je wel zeggen welke belangrijke zaken je zeker moet bekijken. Wat je ook beslist, het is altijd goed om te weten hoe anderen dit aanpakken en indien mogelijk een advocaat te hebben waarop je een beroep kunt doen.

Heel wat coworkingruimtes en bedrijven zijn en zullen worden opgericht zonder advocaat. Dit zorgt voor onzekerheden en risico's (in mindere mate wanneer je je huiswerk maakt). Tenzij er wettelijke nationale verplichtingen zijn, ben je meestal vrij om te beslissen of je dit op een informele manier dan wel met een juridisch adviseur wil doen. Ik raad aan wat ik zelf het beste vind. Voor de rest doe je wat je wil, het is jouw bedrijf.

Coworking is zo'n nieuw concept dat je misschien geen duidelijke specifieke juridische informatie vindt over het onderwerp. Dit betekent echter niet dat je jezelf niet kunt informeren om vooruit te gaan en beslissingen te nemen. Praat met ondernemers en probeer een gelijkaardige onderneming te vinden (iets wat op een coworkingruimte lijkt, zoals een fitness of een school) die je als referentie kunt gebruiken (of nog beter, een andere coworkingruimte). Bekijk de Algemene voorwaarden van andere bedrijven, praat met advocaten (ga naar conferenties om gratis met hen te kunnen praten) en neem dit als basis. Je bent een ondernemer, je zult er dus aan gewend raken beslissingen te nemen zonder alle nodige referenties en kennis.

In alle geval wil je wél begrijpen tot waar je persoonlijke aansprakelijkheid reikt, in hoeverre je bedrijf aansprakelijk is, hoe je contracten uitvoert en hoe bindend ze zijn, hoe realistisch het zou zijn ze af te dwingen als je niet anders kunt en zoveel meer.

Of je nu met een advocaat werkt of niet, de perfectie bereik je nooit. Je zult altijd dingen ontdekken waaraan je niet had gedacht. Als je ze kunt oplossen, doe dat dan. Indien niet, probeer er dan mee te leven.

WERK INDIEN MOGELIJK MET EEN PROFESSIONEEL JURIDISCH ADVISEUR

Juridisch advies kan duur lijken voor nieuwbakken ondernemers, maar het kan je veel kopzorgen en potentiële problemen besparen. Notarissen en advocaten zijn de meest voor de hand liggende juridische adviseurs. Mijn notaris heeft me enorm geholpen. Hij heeft me de verschillen, voordelen en nadelen uitgelegd van alle verschillende juridische bedrijfsstructuren in België.

Doe een rondvraag en vraag mensen naar hun ervaringen met goede advocaten. Een onderbouwde beoordeling van iemand die je vertrouwt (kan ook gewoon een commentaar zijn), kan heel nuttig zijn. Je kunt met een zelfstandig advocaat of met een advocatenkantoor werken. Het voordeel van een kantoor is dat als je advocaat geen specialist is in de materie, hij of zij snel de hulp van een specialist binnen het bedrijf kan inroepen.

Je kunt dezelfde advocaat voor al je partners gebruiken, maar als je er echt zeker van wil zijn dat iemand je belangen verdedigt, neem je er best zelf een onder de arm.

Voor je een advocaat uitkiest, moet je hem eerst grondig evalueren. Maak een afspraak en bespreek wat je wil doen. Meestal is dat eerste onderhoud kosteloos. Bekijk:

- Hun tarieven. Meestal hanteren ze voor starters een speciaal tarief.
- Hun ervaring met soortgelijke bedrijven of de materie waar jij mee bezig bent.
- De specialisaties binnen het kantoor of hun persoonlijke vaardigheden. Vraag hen naar hun sterke en zwakke punten.
- Hoe snel ze werken. Wachten tot je advocaat je op het laatste moment een document geeft dat je zelfs niet kunt bekijken voor een meeting geeft heel wat stress en problemen.
- Hoe ze communiceren. Begrijp ik wat ze zeggen? Kun je je ideeën makkelijk overbrengen?
- Hun reputatie. Probeer met enkele van hun klanten te praten. Zij zullen je een beter beeld schetsen van hun sterke en zwakke punten.
- Stel veel vragen. Door hun antwoorden zul je nog slimmere en relevantere vragen kunnen stellen.

LEER BIJ EN BEREID JE VOOR

Zelfs als je een juridisch adviseur hebt, moet je je voorbereiden. Informeer je zo goed mogelijk bij ervaren ondernemers, vergaar kennis bij instellingen in de buurt die ondernemerschap en kmo's promoten en lees. Schenk geen aandacht aan stadslegendes, focus op de feiten.

Hoe meer je weet, hoe sneller je met je advocaten en partners kunt werken, dus hoe zekerder je bent dat je niets over het hoofd ziet en hoe beter je algemeen overzicht. Als je sneller werkt met je advocaten betaal je meestal minder!

Een van de voordelen van een coworkingruimte is dat je onder je leden heel wat ondernemers hebt zitten. Vraag hen om advies en voorbeelden van contracten.

Pak je knip- en plakwerk uit alle voorbeeldcontracten slim aan: je moet goed begrijpen wat er staat. De namen van de bedrijven, de mensen en de data verander je uiteraard.

Zorg ervoor dat je weet welke vergunningen je nodig hebt om je ruimte te openen, hoe je hieraan raakt, hoe lang dit duurt en hoe moeilijk dit kan zijn. Een telefoontje naar de gemeentelijke dienst die zich met deze zaken bezighoudt, doet al veel.

MEEST VOORKOMENDE COWORKINGCONTRACTEN EN -OVEREENKOMSTEN

De meest voorkomende coworkingcontracten en -overeenkomsten zijn:

- **Partnerovereenkomst:** wat elk van de oprichters of investeerders doet, en wat te doen als er iets fout loopt. Wie de beslissingen neemt en hoe deze beslissingen worden genomen is heel belangrijk. Wanneer een partner weggaat, kan dit problemen opleveren. Zorg ervoor dat alle scenario's (vertrek, ziekte, verlies van interesse of overlijden) gedekt zijn. Als je een systeem hebt om geschillen of staking van systemen op te lossen, nog beter.

- **Algemene voorwaarden:** dit is je overeenkomst met je coworkers, je klanten. In sommige landen moet je je klanten schriftelijk op papier laten intekenen, in andere is het voldoende om online in te schrijven. Ga dit na en handel er ook naar. Als je je ruimte verhuurt voor meetings en evenementen of als je een andere significante bron van inkomsten hebt, voeg je algemene voorwaarden dan toe aan je website en je aanbod (soms kun je gewoon een link toevoegen naar de pagina met je algemene voorwaarden). Voeg een punt toe waarin je zegt dat je de algemene voorwaarden naar eigen goeddunken kunt wijzigen.

- **Huur:** duur van de overeenkomst, wat je krijgt, wat je wel en niet kunt doen, wat de eigenaar moet doen en wat er gebeurt als deze dit niet doet, renovatie- en verbouwingswerken kunnen uitvoeren, zonder vergunning, welke maandelijkse kosten je moet betalen en wat deze dekken, hersteltermijnen, gratis maanden huur die je krijgt wanneer je begint te betalen enz. Hoe meer uitwegen, hoe beter.

- **Je ruimte kopen:** wat je krijgt (precieze beschrijving van de eigendom), onder welke voorwaarden, wat er gebeurt met de bewoners/huurders als die er zijn, welke verplichtingen je hebt, wat er gebeurt met bestaande schulden die verbonden zijn aan de ruimte, wie de belastingen op de verkoop betaalt, een uitweg als je niet de nodige middelen vergaart binnen een bepaalde tijdsspanne, of alle nodige vergunningen er zijn enz.

- **Aanwervingen:** lengte van het contract; salaris; verplichtingen; intellectuele eigendom; voordelen... Heel wat zaken kun je niet veranderen omdat ze al bij wet zijn vastgelegd. Vraag voorbeelden aan andere ondernemers en bedrijven die je kent.

- **Term-sheets:** een moeilijke, hier krijg je enkel mee te maken bij fondsenwerving. Normaal gezien hebben investeerders en banken veel ervaring en zijn ze eropuit om dingen voor te stellen alsof ze niet meer te wijzigen vallen. Dit kan echter wel en moet je ook doen. De zaken die je moet bekijken zijn: wat is je persoonlijke aansprakelijkheid (beperk dit tot nul indien mogelijk, zodat als je bedrijf bankroet gaat jouw leven en eigendom niet mee failliet gaan); wie krijgt wanneer geld; wat gebeurt er bij een buy-out, hoeveel aandelen voor wie, wanneer en op basis waarvan; wie krijgt eerst betaald; wie beslist over wie de CEO wordt; hoe worden beslissingen genomen; wat gebeurt er in de volgende fondsenrondes; kapitaalverwatering enz.

- **Intellectuele eigendom (IP):** je merk beschermen. Het eerste wat je moet doen, is een goede domeinnaam kopen – het webadres van je coworkingruimte. Daarna registreer je je merk (handelsmerk) en bekijk je wie dient te registreren (jij of je bedrijf). Controleer of je iets moet toevoegen aan de inhoud die je maakt, zodat je zeker het copyright behoudt. In de meeste landen hoef je helemaal niets te doen om het copyright op je werk te hebben. Houd toch alle documenten bij die de datum van oprichting van je bedrijf kunnen aantonen ingeval van geschillen (stuur jezelf een e-mail met het document in bijlage of plak de tekst in de e-mail zelf, dat kan al genoeg zijn).

- **Verzekering:** welke soort verzekering moet je verplicht nemen en welke neem je best, ook al zijn ze niet verplicht. Ga na wat gedekt is door de verzekering en wat niet.

ZET HET OP PAPIER

Iets wat veel mensen niet weten en wat vaak problemen mee-brengt, is dat in de meeste landen eender welk akkoord als een overeenkomst wordt gezien, zelfs al staat het niet op papier. Wat schriftelijke overeenkomsten zo belangrijk maakt, is dat monde-linge akkoorden moeilijk te bewijzen zijn.

Wat je ook beslist met de oprichters, zet het op papier en onder-teken dit wanneer de sfeer goed zit (kan in een e-mailuitwisseling zijn of op een blad dat alle partijen ondertekenen). Misverstanden komen zelfs tussen de beste vrienden voor, of soms herinner jij je zaken anders of veranderen iemands prioriteiten. Als je dit van tevoren op papier zet, kunt je hier later ook op terugvallen.

Stel dit samen met een advocaat op (samen, laat hem/haar dit niet alleen doen), zodat de tekst reflecteert wat je bedoelt.

Als je geen advocaat kunt nemen, bereid dan een document voor op basis van voorbeelden van andere bedrijven, ondernemers, agentschappen, universiteiten, boeken enz. Neem alles door met je partners, onderteken een paar exemplaren en zorg ervoor dat iedereen een exemplaar heeft met alle nodige handtekeningen. Scan dit document ook en bewaar het ergens waar je het niet kunt verliezen, je weet maar nooit. Als je het document niet onderte-kend krijgt, probeer dan iets op papier te hebben, zelfs al is het maar een e-mail.

De meeste zaken die je bespreekt en overeenkomt, zullen nooit worden opgeschreven. Zorg er gewoon voor dat jullie alles op dezelfde manier begrijpen en herinner er elkaar aan indien nodig. Praten is belangrijker dan naar de rechtbank te trekken om je bedrijf te runnen. Als ondernemer of manager zul je altijd beslissingen nemen met gedeeltelijke informatie. Soms zijn die gebaseerd op je intuïtie. Begrijp wat de risico's zijn en neem een beslissing. Als het ooit fout loopt, zul je andere beslissingen moeten nemen om dit recht te zetten.

HOU HET EENVOUDIG

Wanneer je dingen op papier zet, hou je het best zo eenvoudig en duidelijk mogelijk. Geen jargon! Hoe ingewikkelder je het maakt en hoe vaker je zaken wijzigt, hoe zatter je dit wordt en hoe minder je kunt werken aan de oprichting van je bedrijf. Als je het te ingewikkeld maakt, wordt het moeilijk te begrijpen, zeker wanneer je deze zaken een paar jaar niet bekijkt.

Onthoud: hou alle juridische documenten zo kort, eenvoudig en eenduidig mogelijk. Als iedereen ze begrijpt bij het lezen, zul je minder discussies hebben en zaken moeten uitleggen. Je kunt ook delen van de algemene voorwaarden verduidelijken op je pagina met veelgestelde vragen (FAQ) of op een aparte webpagina.

LAAT DIT JE NIET TEGENHOUDEN

Als je niet alles tot in de puntjes kunt doen, geen paniek. Niemand kan dat. Iedereen heeft wel dingen op zijn lijstje staan die hij eigenlijk had moeten doen of waar we nooit aan hebben gedacht. Probeer de voordelen, nadelen en risico's te begrijpen. Neem daarna een beslissing en pak het volgende ding aan. Je runt een coworkingruimte, geen faculteit rechten.

Focus qua juridische materie op wat echt van tel is. Je kunt een relatie niet tot in de puntjes voorspellen, sommige zaken zijn onzeker en je energie en geduld zijn evenmin onuitputtelijk.

WELKE RECHTSPERSOONLIJKHEID MOET IK KIEZEN?

Een rechtsvorm in de vorm van een vennootschap met beperkte aansprakelijkheid. Je bouwt een bedrijf op dat je misschien later wil verkopen, waarbij je partners wil betrekken en waarvoor je een lening wil krijgen. Maak het jezelf makkelijk. Het bedrag dat je moet ophoesten, de structuur van de besluitvormende organen, wie aandelen kan kopen en onder welke voorwaarden enz. hangt af van waar je gevestigd bent. Neem indien mogelijk een juridisch adviseur onder de arm (in bepaalde landen zal je notaris de verschillen, voor- en nadelen gratis uitleggen).

Sommige mensen zullen een non-profitorganisatie oprichten op basis van deze redenen:

- Het is goedkoper en vereist minder juridische formaliteiten.
- Het reflecteert hun idealen.

Het eerste probleem dat je hierbij tegenkomt, is dat heel wat overheden een coworkingruimte zullen beschouwen als een commercieel bedrijf en je dus in de problemen kunt raken omdat je een non-profitstatuut hebt gekozen voor een commerciële onderneming.

Redeneer nooit op basis van 'goedkoop', maar op basis van waarde. Het mag dan wel gratis zijn, het biedt geen waarde. Het kost je tijd, moeite en geld. Een vereniging, ngo of non-profitorganisatie kan niet worden verkocht. Er bestaan speciale regels voor het lidmaatschap, beslissingen nemen is moeilijker en je kunt minder controle uitoefenen. Je kunt je idealen beter laten weerspiegelen in een commerciële maatschappelijke onderneming, waar je meer speelruimte hebt om je doelen te bereiken.

Als je je zorgen maakt over het verkrijgen van subsidies en schenkingen, focus dan op je business en het werven van coworkers!

Als je uiteindelijk toch zou kiezen voor een non-profitstructuur, doe dat dan maar weet welke voor- en nadelen hieraan vasthangen in je land. Wat je ook beslist, je hebt winst nodig om duurzaam te worden, ongeacht je rechtspersoonlijkheid. Je zult de voor- en nadelen van de genomen beslissing aan den lijve ondervinden.

Checklists en geheugensteuntjes

In dit deel schotelen we je nuttige checklists, vragenlijsten en spreadsheets voor die van pas kunnen komen.

Download de geüpdatete documenten hier: http://coworking-handbook.com/checklists.

Mochten er zaken zijn die ontbreken of die je graag wil veranderen, laat het me weten via http://coworkinghandbook.com/contact of stuur een e-mail naar ramon@coworkinghandbook.com.

SPREADSHEET-TEMPLATE VOOR INVESTEERDERS

Naam	Fonds	Interesse	Type investering	Kwantiteit	Betrouwbaar-heid	Opmerkin-gen
Naam & voornaam	Naam van het fonds. Of het een private investeerder of business angel (BA) is.	Waar is de investeerder in geïnteresseerd, type bedrijven waarin hij wil investeren.	Stadium van het bedrijf waarin de investeerder graag vertoeft: eerste fase, A, B…	Hoeveel de investeerder op tafel wil leggen. Heeft meestal een bepaalde reikwijdte, zoals van 50.000 tot 200.000.	Weet ik of deze investeerder betrouwbaar is door mijn directe omgang met hem/haar of ken ik iemand die ik vertrouw die voor de investeerder kan getuigen? Gebruik J, N of ?.	Alles wat niet in de vorige kolommen staat en de moeite waard is om te noteren.

Ik bewaar mijn contacten in mijn eigen agenda. Misschien wil je ook graag hun e-mail en telefoonnummer, Twitternaam enz. toevoegen. Dat vind ik persoonlijk te veel werk voor hetgeen ik ze nodig heb, namelijk een investeerder vinden die mogelijk interesse heeft in het bedrijf dat ik voorstel en die op één lijn zit met het bedrijf.

SPREADSHEET-TEMPLATE VOOR JOURNALISTEN & INVLOEDRIJKE PERSONEN

Naam	Media	Onderwerpen	URL	Twitter	E-mail	Telefoon	Ontmoet?	Opmerkingen
Naam & voornaam	Naam van het medium waarin hij/zij publiceert.	Waarover de journalist of invloedrijke persoon wil schrijven.	Webadres van de media.	Twitternaam van de journalist of invloedrijke persoon.	Voorkeurs-e-mail voor contact. Ik houd meer contacten bij in mijn agenda.	Voorkeurs-telefoon voor contact. Ik houd meer contacten bij in mijn agenda.	Hebben we elkaar ooit ontmoet? J of N. Je kunt ook de ontmoetingsplaats gebruiken of N.	Zaken zoals contact-voorkeur, voormalige media, andere publicatie-locaties, ontmoetingsplek enz.

VOORDELEN VAN COWORKING

- Je breidt je bedrijf sneller uit
- Je breidt je persoonlijk en professioneel netwerk uit
- Je komt makkelijker in contact met organisatoren en leden van coworkingruimtes
- Je vindt nieuwe klanten en krijgt een hoger inkomen
- Je vindt talent en medewerkers
- Je werft aan en wordt aangeworven
- Je bent productiever
- Geen afleiding door aanwezige gezinsleden
- Je komt niet in de verleiding om tv te kijken of de koelkast te plunderen
- Je hebt meer motivatie omdat je jezelf met hardwerkende professionals omringt
- Je bent creatiever
- Je deelt je projecten en ideeën met anderen leden en krijgt waardevolle feedback die je projecten vooruit helpt
- Je hebt een betere werk-privébalans
- Je werkt in een professionele omgeving (je raakt uit je pyjama en je huis)
- Je krijgt een professionele routine
- Je werkt zelfstandig, maar niet alleen
- Geen isolement meer
- Je krijgt meer zelfvertrouwen
- Je bent gezonder
- Je werkt sneller met een betere internetverbinding
- Flexibiliteit in je overeenkomst en tariefplan
- Minder woon-werkverkeer
- Aanvulling op thuiswerk
- Je bespaart geld met een kostenefficiënte service
- Minder facturen voor nutsvoorzieningen

- Geen gedoe meer met serviceproviders en herstellingen

NADELEN VAN COWORKING

- "Ik werk beter van thuis uit."
  - Misschien is coworking niets voor jou, maar denk je dat één dag per week je iets zou kunnen opleveren?
  - Hoeveel nieuwe mensen leer je thuis kennen?

- "Het is lawaaierig."
  - Net zoals in een doorsnee kantoor
  - Met een hoofdtelefoon kun je je alvast beter concentreren
  - Je kunt je ook afzonderen in een vergaderruimte
  - Sommige ruimtes gebruiken witte ruis om afleiding tegen te gaan
  - Sommige ruimtes hebben stille zalen waar de coworkers zich zoals in een bibliotheek gedragen

- "Het is te stil."
  - Misschien ben je bang om lawaai te maken – dat hoeft niet
  - Ga naar een andere zaal
  - Praat met de manager en bekijk of er een ruimte kan worden voorzien waar mensen kunnen telefoneren en vrijelijk kunnen praten

- "Er is te veel afleiding."
  - Zet je hoofdtelefoon op om minder last te hebben van de interactie van anderen
  - Je kunt je ook afzonderen in een vergaderruimte
  - Leer je coworkers hoe en wanneer ze met jou in interactie mogen treden

- "Ik maak me zorgen over privacy en vertrouwelijkheid."
  - Je deelt enkel wat je wil delen
  - Neem een bureau met je rug naar de muur toe, in een hoek
  - Gebruik een locker voor vertrouwelijke documenten
  - Zonder je af in een vergaderruimte om vertrouwelijke telefoongesprekken te voeren
  - Praat stiller wanneer je telefoneert
  - De andere coworkers komen om te werken, niet om je af te luisteren

- "Ik wil mijn project niet delen."
  - Dat hoeft niet. Je deelt enkel wat je wil delen, met wie je dat wil

- "Sommige mensen vragen te veel energie."
  - Vermijd hen; of ga in een andere zaal zitten
  - Vertel hen je meer ruimte te laten
  - Bespreek dit met de manager van de ruimte

- "Het is betalend."
  - Je krijgt veel waarde voor weinig geld
  - Leg alle voordelen van coworking uit
  - Als je enkel om geld geeft en niet om waarde, ben je niet klaar om te coworken

- "Ik moet me verplaatsen."
  - Zoek een ruimte in de buurt die je leuk vindt

- "Ik moet zien dat ik gedoucht heb en mijn tanden heb gepoetst."
  - o Als je er onfris bijzit, zal niemand rond jou willen zitten
  - o Fris en schoon zijn verhoogt je zelfvertrouwen en het beeld dat je van jezelf projecteert

BASISSTRUCTUUR VOOR JE WEBSITE

Je hebt niet al deze pagina's nodig voor je initiële website. Zet zo snel mogelijk een website van één pagina online met de informatie die je hebt. Als je geen kanaal hebt om mensen te laten intekenen op een tariefplan voor je ruimte, gebruik je een eenvoudig formulier waarop ze hun e-mail kunnen invullen. Zo kun je hen contacteren wanneer je operationeel bent.

Pagina	Inhoud
Homepagina	Stel je ruimte voor, leg uit wat je biedt en voor wie. Voeg foto's toe van de ruimte en indien mogelijk een video die toont hoe de ruimte eruitziet.
Prijzen en intekenen	Schematische voorstelling van je tariefplannen en de belangrijkste punten: toegestane tijd, beschikbare werkuren, prijs, waarborg... En een knop onder elk tariefplan om in te tekenen. Hou het zo simpel mogelijk! Je kunt de inschrijvingen daarna valideren zoals je verkiest (automatisch, persoonlijk, na een controle van het online profiel van de ingeschrevene...). Zorg er gewoon voor dat het een betrouwbaar en makkelijk systeem is. Een eenvoudig Google Documents formulier kan al volstaan. Neem je bevestigingspagina te baat om hen door te verwijzen naar je socialemediakanalen.

Algemene Voorwaarden	Dit is in de meeste landen de overeenkomst die de regels bepaalt omtrent je relatie met je klant. Hou ze eenvoudig en gebruik zo eenduidig mogelijke taal. Als je de klant een schriftelijke overeenkomst wil doen tekenen, vermeld dit dan ook in de Algemene voorwaarden, op de website bij het intekenen (kan een regel tekst zijn in het formulier) en in de e-mail om hun inschrijving te bevestigen.
Intekenen voor try-out of bezoek	De meeste ruimtes bieden hun potentiële klanten een gratis testdag. Als je geen try-outs organiseert, doe je waarschijnlijk geplande bezoeken. Het is belangrijk dat je potentiële klanten laat intekenen voor het bezoek op de geplande datum. Je wil op z'n minst een e-mailadres, voor- en achternaam en indien mogelijk een telefoonnummer mocht je hen plots moeten contacteren. Wanneer mensen intekenen, is de kans ook groter dat ze effectief komen vanwege hun engagement. Je hebt dan ook hun gegevens om hen in de toekomst te contacteren.
Coworkers	In het begin zul je nog geen coworkers hebben om toe te voegen. Een succesvolle coworkingruimte heeft foto's nodig van lachende gezichten: dit vormt sociaal bewijs en schept een duidelijk beeld van je community. Voeg je teamleden en een paar vrienden en invloedrijke personen toe die je tot vips hebt bekroond (met hun toestemming).
Evenementen	Als je evenementen in je ruimte organiseert, moet je dat hier vermelden. Je kunt een kalender maken en op je website plaatsen zodat mensen weten wat er op het programma staat en dit aan hun eigen agenda kunnen koppelen. Als je ruimtes verhuurt voor evenementen, voeg dan foto's toe, vermeld de afmetingen, de reserveringsvoorwaarden enz. Voeg een contactformulier toe waarin klanten hun noden kunnen oplijsten (grootte van de ruimte, beschikbare stoelen, opstelling enz.).

Foto's	Voeg verschillende foto's toe van je ruimte. Je hebt geen professionele foto's nodig. Maar het helpt wel en is helemaal niet zo duur. Veel mensen zijn begonnen met foto's genomen met een smartphone en gebruiken deze nog steeds. De kwaliteit van de lens van de huidige smartphones volstaat. Je hebt dan wel geen artistieke invalshoek van een professionele fotograaf, het hoeven ook helemaal geen kunstfoto's te zijn.
Blog	Je blog is de belangrijkste nieuwsbron over je ruimte en al het leuks dat er gebeurt.
Hulp	Maak het potentiële klanten en leden makkelijk om hulp te vinden, zo krijg je ook meer inschrijvingen. Stuur ze door naar je contactformulier, publiceer je telefoonnummer, e-mail enz. Of maak een FAQ-pagina aan voor de meest gestelde vragen. Zo besparen jij en zij tijd.
Contact	Voeg een contactformulier of je e-mail toe (als je je e-mail publiceert, doe dat dan in de vorm van een afbeelding om spammers te slim af te zijn). Voeg je adres, telefoon en een kaart met de ligging van je ruimte en instructies hoe er te geraken toe. Je kunt hier ook een perspakket toevoegen. Dit moet een korte (en aantrekkelijke) beschrijving bevatten van je diensten en je ruimte, je contactgegevens en foto's van jezelf en je ruimte die journalisten en bloggers kunnen gebruiken in hun publicaties.

Bekijk hoe andere ruimtes dit aanpakken, ga op zoek naar beste praktijken en doe inspiratie op. Je kunt met mijn website beginnen: http://www.betacowork.com.

EEN NIEUWE LOCATIE KIEZEN

- ☐ Is de plek groot genoeg om te doen wat je wil doen?
- ☐ Wat is de vraagprijs? Je biedt best een lagere prijs (dit kan een korting zijn of gratis maanden huur).
- ☐ Zijn de kosten in de prijs inbegrepen?
- ☐ Is de prijs per week, maand of jaar?
- ☐ Hoeveel bedragen de kosten?
- ☐ Zijn elektriciteit, water en airco in de kosten inbegrepen?
- ☐ Wat dekken de kosten precies?
- ☐ Moet je belasting op je huur betalen? Hoeveel?
- ☐ Tel de huur, kosten en belastingen op om tot de reële huur-prijs te komen. Als je een tijdje gratis mag huren, moet je waarschijnlijk wel nog steeds kosten en belastingen betalen.
- ☐ Gaan de eigenaars akkoord met wat je van plan bent in de ruimte?
- ☐ Wie is nog medehuurder in het gebouw?
- ☐ Als zij weggaan, kun jij dan misschien hun ruimte huren?
- ☐ Vraag naar de plannen van de ruimte, liefst in CAD-formaat.
- ☐ Hoe is de ruimte momenteel ingedeeld?
- ☐ Hoe kunnen je klanten de verschillende zones bereiken en zich in de ruimte verplaatsen?
- ☐ Wat kun je afbreken?
- ☐ Wat kun je bijbouwen?
- ☐ Betalen de eigenaars voor een deel van de renovatie?
- ☐ Hoe lang duurt de huurovereenkomst?
- ☐ Welke vergunningen zijn er voorhanden? Zijn er beperkingen?
- ☐ Wie was de vorige bewoner/huurder? Vraag naar de contact-gegevens om meer te weten te komen over de eigendom en de eigenaar.
- ☐ Hoe ziet de buurt eruit?

☐ Is de ruimte toegankelijk voor mensen met een handicap? Kun je ze toegankelijk maken?

☐ Wonen er voldoende mensen in de buurt om je ruimte te vullen of moeten mensen zich ook vanuit andere buurten naar je coworkingruimte verplaatsen?

☐ Liggen die buurten veraf of is het woon-werkverkeer comfortabel?

☐ Voelen vrouwelijke klanten zich veilig om 's avonds in de buurt van je ruimte te wandelen?

☐ Is je ruimte makkelijk bereikbaar?

☐ Is er openbaar vervoer in de buurt? Waarheen en vanwaar?

☐ Kun je op straat parkeren of een parkeerplaats huren?

☐ Kunnen fietsers hun fiets op een veilige plek achterlaten?

☐ Welk gevoel heb je wanneer je de ruimte binnenkomt? Vertrouw op je intuïtie.

☐ Heb je veel werk om de ruimte opnieuw in te richten?

☐ Is er voldoende natuurlijke lichtinval? De oriëntatie van de ramen, de omringende gebouwen en de tijd van het jaar kunnen het beschikbare licht beïnvloeden. Rechtstreeks zonlicht kan zorgen voor meer warmte of problemen veroorzaken (dit kun je met gordijnen oplossen).

☐ Controleer of er lawaai of trillingen afkomstig zijn van andere verdiepingen, de straat, de metro...

☐ Controleer of er niet te veel intern lawaai wordt veroorzaakt door materialen en machines. Een lege ruimte heeft altijd een echo, maak je hier geen zorgen over. Zijn de vergader- en evenementenruimtes geïsoleerd tegen lawaai van buitenaf? Kun je horen waarover mensen praten in deze ruimtes?

☐ Airco en verwarming: welk systeem, hoe oud is het, kosten en gemiddeld verbruik. Sommige verouderde systemen maken veel lawaai en presteren slecht.

☐ Hoe worden de zones met airco en verwarming gecontroleerd en hoe zijn ze over de ruimte verdeeld? Dit is heel belangrijk wanneer je overweegt om de ruimte grondig te wijzigen. Misschien eindig je wel met een kamer waar temperatuurcontrole is maar geen machines zijn, terwijl een andere kamer vol machines staat, maar geen temperatuurcontrole heeft.

☐ Zijn er zones zonder airco of verwarming?

☐ Hoe voer je frisse lucht aan? Ramen, airco...

☐ Ga ook na waar de elektriciteit ligt.

☐ Welk type vloer en plafond is er aanwezig?

☐ Hoe leg je de elektriciteits- en ethernetkabels?

☐ Waar plaats je de sockets? Zijn er stopcontacten in de grond?

☐ Ben je beperkt in je keuze voor een internetprovider? Hoe gaat alles in z'n werk van op de straat tot in het gebouw en je ruimte?

☐ Zijn er genoeg toiletten voor mannen en vrouwen (coworkers en deelnemers aan evenementen)? Waar liggen de toiletten?

☐ Hoe breng je je meubels in het gebouw?

☐ Is er een lift?

☐ Zijn dieren toegestaan?

☐ Hoe hebben mensen toegang tot het gebouw en je ruimte?

☐ Zijn er beperkingen wat de toegang tot het gebouw en je ruimte betreft?

☐ Wie is verantwoordelijk voor de beveiliging? Kun je zelf een beveiligingsfirma inschakelen?

☐ Als er toegangsbadges nodig zijn om het gebouw te betreden, wie beheert dit systeem dan en wie overhandigt de badges? Kun je ze in grote hoeveelheden krijgen en ze zelf verdelen? (Dit moet je uiteraard goed bijhouden.)

☐ Zijn er veiligheidsproblemen geweest in het gebouw?

☐ Hoe is het gebouw verzekerd? Bij welke verzekeraar?

☐ Hoe vaak worden de gemeenschappelijke delen, de ramen en de buitenkant van het gebouw schoongemaakt?

☐ Wie moet je contacteren om een bod te doen?

EEN ADVOCAAT KIEZEN

Voor je een advocaat uitkiest, moet je hem eerst grondig evalueren. Maak een afspraak en bespreek wat je wil doen. Meestal is dat eerste onderhoud kosteloos. Bekijk:

☐ Is het eerste onderhoud gratis?

☐ Wat kan ik hiervan verwachten?

☐ Hoe moet ik me hierop voorbereiden?

☐ Wat zijn de competenties van het advocatenkantoor? Waarin zijn de advocaten gespecialiseerd?

☐ Hebben ze ervaring met soortgelijke bedrijven of sectoren?

☐ Met welke bedrijven of klanten hebben ze al eerder samengewerkt?

☐ Kan ik met een van hen praten?

☐ Indien niet, met wie kan ik dan praten die voor hen wil getuigen?

☐ Hoe zal onze workflow eruitzien?

☐ Hoe lang duurt het voor mijn e-mails worden beantwoord?

☐ Wat gebeurt er wanneer een deadline niet wordt gehaald?

☐ Hoe moeten we communiceren? Via e-mail, telefoon...?

☐ Wat is de vergoeding?

☐ Bestaan er speciale tarieven voor starters?

☐ Hoe worden de betalingen gestructureerd? Wanneer krijg ik de facturen?

Noteer de vragen die je de advocaat wil stellen zodat je ze niet vergeet. Stel veel vragen. Door hun antwoorden zul je nog slimmere en relevantere vragen kunnen stellen.

Het is belangrijk dat je je advocaten begrijpt, ook de manier waarop ze praten en schrijven. Als jullie niet goed kunnen communiceren, werk dan niet met hen.

LEASECONTRACT

Hou rekening met de volgende zaken wanneer je je volgende huurcontract onderhandelt en bespreek dit met je advocaat.

- ☐ Duur.
- ☐ Hoe wordt het contract hernieuwd, moet je hier iets voor doen, kan de eigenaar zich hiertegen verzetten, wat gebeurt er met de prijs wanneer je het hernieuwt...?
- ☐ Hoe kan het contract worden verbroken?
- ☐ Kun je de ruimte opnieuw inrichten en wijzigingen en verbeteringen aanbrengen aan de binnen- en buitenkant zonder toestemming van de eigenaar?
- ☐ Als je toestemming nodig hebt voor verbouwingswerken, zorg er dan voor dat de eigenaar geen verzet kan aantekenen zonder geldige reden.
- ☐ Verwikkel je niet in clausules die je kunnen dwingen de ruimte terug te geven in de staat waarin deze zich bevond aan het eind van de overeenkomst. Je zou al de wijzigingen en verbeteringen moeten weghalen.
- ☐ Als je niet onder de in de staat waarin deze zich bevond clausule uit kunt, neem dan zeker een andere clausule op die bepaalt dat als de nieuwe huurder/eigenaar de ruimte

aanvaardt zoals ze er dan uitziet, je geen verbouwingswerken hoeft uit te voeren.

- ☐ Vermeld je activiteiten duidelijk in het contract, zodat de eigenaar er later niet over kan klagen. Maak een niet exhaustieve lijst. Zo laat je de deur op een kier voor andere activiteiten en manieren om de dingen te doen die je beschrijft.
- ☐ Voorzie een clausule die bepaalt dat je de ruimte mag onderverhuren zonder instemming van de eigenaar.
- ☐ Beschrijf de kosten die jij betaalt en de kosten die de eigenaar moet betalen.
- ☐ Wie betaalt welke onderhoudswerken?
- ☐ Neem een voorkeursoptie op om elke ruimte die vrijkomt in het gebouw te kunnen huren.
- ☐ Hernieuwen van de lease. Zorg ervoor dat de eigenaar zich hier niet tegen kan verzetten en maak de hernieuwing automatisch als je zelf niet annuleert.
- ☐ Beperk prijsstijgingen. Dit kun je doen door de prijs te koppelen aan de consumentenprijsindex (of de Retail Price Index) van vorig jaar.
- ☐ Vermeld of de eigenaar grote verbouwingswerken dient uit te voeren in het gebouw en hoe de overlast die je bedrijf kan ondervinden zal worden aangepakt. Je kunt bijvoorbeeld gratis huur krijgen, een andere ruimte in het gebouw, gegarandeerde toegang...
- ☐ Wat is de toepasselijke wet en in welk rechtsgebied (in je stad)?

Als je een advocaat of notaris hebt, leg hen deze lijst dan voor en bekijk wat ontbreekt.

Laat het me weten, zo kan ik de lijst uitbreiden: http://coworking-handbook.com/checklists

AANDACHTSPUNTEN BIJ HET ONTWERP VAN JE RUIMTE

☐ Grootte, vorm en indeling van het grondplan: waar de open landschapsruimte inrichten, de ruimtes voor vergaderingen en evenementen, de cafetaria, de toiletten, de opslagruimte, de internetdistributie enz.

☐ Wil je een flexibele of vaste opstelling van je ruimte?

☐ Licht (natuurlijk licht en verlichting), lawaai, echo en hoe verschillende materialen deze beïnvloeden.

☐ Interactie tussen de gebruikers: gemeenschappelijke delen, gedeelde werkruimte, isolatie... Hoe nuttige interactie te promoten en te beperken.

☐ Temperatuur: verwarming en airco. Dit hangt sterk af van de materialen en het bouwjaar.

☐ Toegang en zich verplaatsen binnen de ruimte (hoe bereiken leden en gasten de verschillende delen en wat voor overlast veroorzaakt dit voor de anderen in het gebouw).

☐ Meubels (materialen, vorm, kleuren...) en hoe deze op te bergen voor een evenement.

☐ Elektriciteit, stopcontacten en internetaansluiting: in de vloer, aan het plafond, bekabeling...

☐ Veiligheid: deuren, sloten, camera's...

☐ Zijn er genoeg toiletten voor mannen en vrouwen?

☐ Als je een cafetaria wil installeren, moet je denken aan hittebronnen en aansluitingen voor water, gas, verwarming en hoe afval kan worden weggegooid.

☐ In regel zijn met de plaatselijke wetgeving: nooduitgangen, brandbeveiliging, maximaal aantal mensen dat tegelijk in de ruimte aanwezig mag zijn...

☐ Kun je de vergunningen krijgen om te doen wat je wil? Hoe lang duurt dit? Hoe groot is de kans? Wat moet je hiervoor doen?

Kijk altijd naar andere ruimtes voor inspiratie. Dat hoeven niet alleen coworkingruimtes te zijn. Deze foto's en links prikkelen alvast de verbeelding: http://coworkinghandbook.com/coworking-space-design-inspiration

EVENEMENTEN

Voor het evenement

- ☐ Wat is je persoonlijke doel of wat is het doel van het evenement?
- ☐ Op welk doelpubliek mikt het evenement?
- ☐ Hoe bereik je dit publiek?
- ☐ Welke inhoud kan dit publiek boeien? Vind sprekers die dergelijke inhoud kunnen aanreiken.
- ☐ Bepaal de structuur van het evenement, de opstelling van de zaal, het nodige materiaal, drankjes en snacks enz.
- ☐ Vind een locatie voor de datum en het tijdstip die je in gedachten hebt: check de prijzen, schoonmaak, beveiliging...
- ☐ Is het een gratis of betalend evenement?
- ☐ Maak een online inschrijvingsformulier waarin je de deelnemers ten minste om hun e-mail en naam vraagt.
- ☐ Deel het evenement op sociale media, je blog, via e-mail, op geïnteresseerde online fora en groepen enz.
- ☐ Promoot het evenement elke dag om mensen te laten intekenen en deelnemen.
- ☐ Als de tickets bijna uitverkocht zijn, kondig dit dan aan. Zo vliegen ze nog sneller de deur uit.
- ☐ Als je tickets verkoopt, geef dan korting aan de vroege inschrijvers.
- ☐ Stuur de deelnemers een of twee dagen voor het evenement een reminder. Vraag hen het evenement te promoten.

Tijdens het evenement

- ☐ Ga op zoek naar iemand die je kan helpen bij het werk.
- ☐ Wees vroeg ter plaatse om te controleren of alles oké is en installeer al het nodige: projector, internetverbinding, microfoon en geluidsinstallatie, opstelling van de zaal, catering...
- ☐ Geef een inleiding, bedank de deelnemers en de organisatoren en vertel iets meer over je ruimte of idee. Als iemand anders de inleiding geeft, vraag hem dan om het over je ruimte te hebben.
- ☐ Neem het evenement op video op indien mogelijk. Bied geen live streaming aan (nog een reden om naar het evenement te gaan).
- ☐ Communiceer op sociale media met foto's, quotes, deelnemers... Alles dat interessant kan zijn.

Na het evenement

- ☐ Schrijf een blogpost over het evenement en gebruik de video en de foto's die je hebt genomen. Deel dit op sociale media.
- ☐ Stuur de deelnemers een tevredenheidsenquête (je kunt er de komende evenementen aankondigen en een link toevoegen naar de blogpost op de bevestigingspagina om de enquête in te dienen).
- ☐ Bedank de sprekers via e-mail en stuur hen de blogpost.
- ☐ Bewaar de mailinglist van de aanwezigen.
- ☐ Betaal de facturen.

VRAGEN VOOR NIEUWE MEDEWERKERS EN STAGIAIRS

- ☐ Voornaam & naam
- ☐ E-mail

- ☐ Telefoon
- ☐ Link naar cv (kan naar LinkedIn zijn, een rechtstreekse download of elders, maar wel online)
- ☐ Wanneer wil je starten?
- ☐ Hoelang wil je met ons werken?
- ☐ Hoeveel uur per week?
- ☐ Wat wil je doen wanneer je bij ons aan de slag bent?
- ☐ Wat wil je uit je werkervaring bij ons halen, en hoe kunnen we jou helpen het punt te bereiken dat je wil bereiken in de toekomst?
- ☐ In welke richting wil je je carrière stuwen?
- ☐ Wat kun je voor ons betekenen? Wat kunnen wij voor jou betekenen?
- ☐ Waarom moeten we jou kiezen?
- ☐ Waar ben je trots op?
- ☐ Geschiktheid voor de functiebeschrijving. Voorbeelden uit het verleden.
- ☐ Een uitdaging die je bent aangegaan, de actie die je hebt ondernomen en het resultaat.
- ☐ In welke talen kun je werken?
- ☐ Test op taal- en schrijfvaardigheden als ze marketing- of communicatiewerk zullen doen.
- ☐ Interview hen en vraag referenties die je kunt contacteren (als het hun eerste job is, zullen ze deze uiteraard niet kunnen voorleggen). Check de referenties.

Als je intuïtie nee zegt, IS HET NEE.

Afhankelijk van de wetgeving in je land moet je misschien een contract opstellen met de school van de stagiair of dien je een contract op te stellen tussen twee private partijen. Ga altijd in de wet na wat jouw aansprakelijkheid is, of je dient te betalen, hoeveel, welk werk je kunt vragen om uit te voeren en of je de stagiair moet verzekeren.

ENQUÊTES

Enquête over vertrek

- [ ] Waarom ben je weggegaan?
- [ ] Zou je ons aanbevelen?
- [ ] Wat waren de voordelen van met ons samenwerken?
- [ ] Geef ons je e-mail als je wil dat wij contact opnemen.

Enquête over testdag

- [ ] Voldeed de gratis testdag aan je verwachtingen? Ben je tevreden over je dag?
- [ ] Zou je ons aanbevelen?
- [ ] Ben je tevreden over ons team?
- [ ] Ben je tevreden over de ruimte en het meubilair?
- [ ] Was de internetverbinding in orde?
- [ ] Wat ontbrak er tijdens je bezoek?
- [ ] Geef ons je e-mail als je wil dat wij contact opnemen.
- [ ] Voeg een link toe en een boodschap om in te tekenen.

Enquête voor leden

- [ ] Hoe heb je ons leren kennen?
- [ ] Zou je ons aanbevelen?
- [ ] Wat vind je het leukst?
- [ ] Wat moeten we verbeteren?
- [ ] Ben je tevreden over ons team?
- [ ] Ben je tevreden over de ruimte en het meubilair?
- [ ] Is de internetverbinding in orde?
- [ ] Geef ons je e-mail als je wil dat wij contact opnemen.

Enquête over evenementen

- ☐ Geef een score aan het evenement.
- ☐ Geef een score aan de spreker.
- ☐ Geef een score aan de locatie.
- ☐ Zou je ons aanbevelen?
- ☐ Welk evenement zou je willen dat wij organiseren?
- ☐ Geef ons je e-mail als je wil dat wij contact opnemen.

Je hoeft niet alle vragen te stellen, of je kunt andere vragen stellen. Als je veel vragen stelt, zullen minder mensen antwoorden. Markeer bepaalde vragen als verplicht, in functie van wat voor jou het belangrijkst is. De 'Zou je ons aanbevelen' vraag is heel belangrijk.

Voeg in de formulieren een tekstvak toe voor 'Andere'. Zorg ervoor dat men opmerkingen kan geven bij de verschillende vragen en/of als apart antwoord.

Deze vragenlijst zijn meestal anoniem (vandaar de vraag over het opgeven van de e-mail). Het kan soms frustrerend zijn niet dieper te kunnen graven om problemen op te lossen.

Epiloog

Ik hoop dat je na het lezen van dit boek genoeg informatie hebt vergaard om een succesvolle coworkingruimte te openen en te beheren. Het moeilijkste en interessantste deel is de uitvoering van de verschillende stappen en strategieën. Ga ervoor en doe het!

Blijf leren uit je eigen ervaring en die van anderen, online en in de verschillende meet-ups en conferenties over coworking. Deel je ervaringen en help anderen. Je begint best met de Coworking Google Group[107] en de Coworking Wiki[108].

Geniet tot slot van deze reis, met alle ups en downs die erbij horen. :)

Heb je vragen of wil je met mij als consultant werken om je project te ondersteunen, contacteer me dan via Twitter op http://twitter.com/cohandbook en http://twitter.com/ramonsuarez, via de website van het Coworking Handboek http://coworkinghandbook.com/contact, via LinkedIn http://www.linkedin.com/in/ramonsuarez, of stuur een e-mail naar ramon@coworkinghandbook.com.

Bijgewerkte informatie wordt gepubliceerd op de website van het boek en op de blog: http://coworkinghandbook.com.

Ik kijk er alvast naar uit je ruimte hartelijk welkom te heten in de coworking community en wens je alle succes toe met het goede verloop en de opbouw.

---

107. De archieven en nieuwe vragen zijn een geweldige bron van informatie en hulp: https://groups.google.com/forum/#!forum/coworking
108. Voeg je ruimte zelf toe aan de Coworking Wiki: http://wiki.coworking.org Alle ruimtes zijn hier welkom, je moet je gewoon inschrijven om je ruimte te kunnen registreren. En nu je dit toch doet, voeg je ruimte dan ook toe aan de Coworking Visa: http://wiki.coworking.org/w/page/16583744/CoworkingVisa

www.ingramcontent.com/pod-product-compliance
Lightning Source LLC
Chambersburg PA
CBHW061305220326
41599CB00026B/4741